IA PRÁCTICA PARA PRINCIPIANTES

DESBLOQUEA EL PODER DE LA INTELIGENCIA ARTIFICIAL CON HERRAMIENTAS SENCILLAS PARA AUMENTAR LA PRODUCTIVIDAD, AHORRAR TIEMPO Y TOMAR DECISIONES MÁS INTELIGENTES EN LA VIDA COTIDIANA

PACO BARKER

ÍNDICE

INTRODUCCIÓN

En nuestro mundo en rápida evolución, la demanda de eficiencia es más alta que nunca, por lo que es esencial encontrar formas más inteligentes de trabajar. La presión por mantener la productividad puede resultar a menudo abrumadora, pero aquí es cuando la inteligencia artificial (IA) marca la diferencia. La IA ya no es solo un concepto del futuro, sino que está cambiando nuestra forma de trabajar y de desenvolvernos en la vida cotidiana. Desde automatizar tareas repetitivas hasta ayudarnos a tomar mejores decisiones, tiene el poder de mejorar la eficiencia y racionalizar las actividades que realizamos cada día.

Pero no hace falta ser un experto en tecnología o un informático para aprovechar sus ventajas. Por eso he escrito este libro, *IA práctica para principiantes: desbloquea el poder de la inteligencia artificial con herramientas sencillas para aumentar la productividad, ahorrar tiempo y tomar decisiones más inteligentes en la vida cotidiana.* Tanto si eres principiante como si tienes formación técnica, mi objetivo es dotarte de los conocimientos necesarios para comprender y aplicar la IA para que te ayude a conseguir lo que quieres, ya sea reducir el estrés, mejorar el rendimiento en el trabajo, estar al día de las últimas tendencias o simplemente facilitar las tareas cotidianas.

Este libro no pretende promocionar ninguna herramienta o tecnología específica. En su lugar, presentaré varias herramientas y ejemplos basados en IA como referencia, para que puedas decidir qué es lo que más te conviene. Me centro en las aplicaciones prácticas, mostrándote cómo integrar la IA en tu vida diaria sin añadir complicaciones innecesarias.

Una de las herramientas de IA más accesibles y potentes hoy en día es ChatGPT. Por eso, le he dedicado un capítulo entero, guiándote paso a paso sobre cómo empezar a utilizar la plataforma de inmediato. Aprenderás a aprovecharla para tareas como la investigación, la escritura e incluso para obtener asistencia personalizada, ya sea que necesites ayuda para redactar correos electrónicos, generar ideas creativas o planificar tus próximas vacaciones. Y lo que es más importante: descubrirás cómo elaborar preguntas eficaces que liberen todo su potencial; esto te ayudará a obtener las respuestas más precisas y útiles.

Más allá del simple uso de la IA, también trataremos importantes consideraciones éticas, como la transparencia, la responsabilidad y la privacidad. También he incluido un capítulo sobre la identificación de contenidos generados por IA, que es una habilidad cada vez más relevante en el panorama digital actual. Con la IA desempeñando un papel cada vez más esencial en los medios de comunicación, el trabajo y las interacciones cotidianas, es crucial reconocer lo que es real, lo que es sintético, y lo que eso significa para la sociedad.

Al final de este libro, te sentirás más cómodo y menos intimidado por la IA, equipado con las habilidades necesarias para utilizar herramientas comunes de esta tecnología y con una comprensión de los conceptos fundamentales. Verás cómo la IA puede mejorar tu productividad, ahorrarte tiempo y ayudarte a tomar mejores decisiones en diversos aspectos de su vida personal y profesional.

Sé lo que puedes estar pensando: ¿es la IA realmente para mí?, ¿podría llegar a sustituir mi trabajo?, ¿es segura? Todas ellas son preocupaciones válidas, y estoy aquí para abordarlas de frente. Este libro desmiente mitos comunes y ofrece una perspectiva equilibrada sobre su papel en nuestras vidas. La IA no está aquí para sustituirte, sino para potenciarte, ayudándote a trabajar de forma más inteligente y a alcanzar tus objetivos con menos esfuerzo.

¿Estás preparado para embarcarte en este viaje de descubrimiento? ¿Estás listo para liberar el poder de la IA y transformar tu vida cotidiana? Si es así, vamos a sumergirnos. Te animo a que participes activamente en el contenido, explores las herramientas y compruebes por ti mismo cómo la IA puede marcar la diferencia. Juntos emprenderemos este viaje paso a paso.

1

COMPRENDER LOS FUNDAMENTOS DE LA IA

Bienvenido al apasionante mundo de la IA. Antes considerada un concepto de ciencia ficción, es ahora una realidad que influye en muchos aspectos de nuestra vida cotidiana: desde cómo compramos y navegamos hasta cómo nos comunicamos y trabajamos. Pero ¿qué es exactamente la inteligencia artificial? Este capítulo te explicará los conceptos básicos, presentándolos de forma sencilla y fácil de entender. Al final, comprenderás los marcos básicos de la IA y por qué esta tecnología sigue dando forma al mundo que nos rodea.

¿Qué es la IA?

La inteligencia artificial (IA) es algo más que un término que se utiliza en los círculos tecnológicos. Es un campo fascinante en el que las máquinas imitan las funciones cognitivas humanas (aprendizaje, razonamiento y resolución de problemas). Imagina un cerebro digital capaz de procesar información, tomar decisiones e incluso mejorar con el tiempo. La capacidad de las máquinas para simular el pensamiento humano está transformando nuestra forma de relacionarnos con la tecnología. En esencia, la IA está pensada para crear sistemas que realicen tareas que antes se creía que requerían el intelecto humano. Desde la identificación de patrones y la previsión de resultados hasta la interpretación del lenguaje, está diseñada para reflejar los procesos de pensamiento y los comportamientos humanos de formas cada vez más sofisticadas.

La tecnología funciona procesando grandes cantidades de datos e identificando patrones en ellos. Te lo explico en cuatro sencillos pasos:

1. **Recogida de datos:** la IA necesita información para aprender. Puede ser cualquier cosa, desde fotos de gatos y perros hasta palabras y frases en distintos idiomas.
2. **Reconocimiento de patrones:** la IA busca similitudes y diferencias en los datos. Por ejemplo, puede aprender a reconocer la diferencia entre un gato y un perro analizando miles de fotos.
3. **Toma de decisiones:** una vez que entiende los patrones, la IA puede hacer predicciones o tomar decisiones. Por ejemplo, un coche autónomo puede decidir cuándo parar, girar o acelerar en función de las pautas del tráfico.
4. **Aprender y mejorar:** la IA mejora con el tiempo, aprendiendo de los errores y de las nuevas experiencias, como lo haría un ser humano.

Para que esto resulte más familiar, piense en ella como un asistente útil en su vida diaria. Al igual que un asistente personal que gestiona su agenda, le recuerda sus tareas y hace un seguimiento de sus planes, la IA trabaja entre bastidores para agilizar sus actividades. Por ejemplo, puede clasificar tus correos electrónicos, dar prioridad a los mensajes importantes y filtrar el spam, liberando tu tiempo para tareas más significativas. La IA simplifica los procesos complejos, haciendo más eficientes las tareas cotidianas y personalizando tus experiencias para adaptarlas mejor a tus necesidades.

Sin embargo, a pesar de sus capacidades, es justo decir que a menudo se malinterpreta la IA. Una idea errónea muy extendida es que la tecnología podría llegar a ser autoconsciente como los humanos. Pero a diferencia de los humanos, que aprenden de la experiencia, la intuición y las emociones, la IA funciona exclusivamente con la lógica y el reconocimiento de patrones. No puede razonar de forma abstracta, formarse opiniones ni tomar decisiones morales. En pocas palabras, la inteligencia de la IA es limitada. Aunque destaca en tareas específicas como el ajedrez o el análisis de datos, carece de autorreflexión, ingenio y verdadera comprensión, que son las señas de identidad de la inteligencia humana.

Conceptos básicos y terminología

Veamos ahora más de cerca los conceptos fundamentales de la IA, arrojando luz sobre las tecnologías y metodologías que la impulsan. Comprender estas ideas básicas le permitirá hacerse una idea más clara de cómo funcionan los sistemas de IA y de los principios que rigen su funcionamiento. Estos conocimientos básicos le ayudarán a ver más allá de las palabras de moda y a comprender el verdadero potencial.

Es importante entender que la IA no es solo una tecnología, sino un conjunto de potentes técnicas que permiten a las máquinas aprender, razonar y adaptarse. Entre las metodologías clave se encuentran el aprendizaje automático, las redes neuronales, el aprendizaje profundo y el procesamiento del lenguaje natural (PLN). Exploraremos estos conceptos con más detalle para descubrir cómo configuran el mundo de la IA.

Aprendizaje automático

Es la rama fundamental que permite a los ordenadores analizar datos, identificar patrones y tomar decisiones sin necesidad de programación explícita para cada tarea. A diferencia de la programación tradicional, en la que las reglas e instrucciones están predefinidas, los sistemas de aprendizaje automático identifican patrones en los datos y perfeccionan su rendimiento con el tiempo. Esta capacidad de adaptación y aprendizaje es lo que hace que la IA sea tan poderosa en campos como la sanidad, las finanzas y la automatización.

El aprendizaje automático se basa en algoritmos, que son instrucciones paso a paso que ayudan a los ordenadores a analizar datos, identificar patrones y hacer predicciones. Piense en un algoritmo como una receta que guía a la IA en el reconocimiento de tendencias. El proceso comienza con la introducción de datos en el algoritmo, que luego analiza la información antes de hacer ajustes basados en lo que aprende. Con cada ciclo de aprendizaje y perfeccionamiento, el modelo se vuelve más preciso, lo que conduce a decisiones cada vez más fiables.

El aprendizaje automático presenta tres tipos fundamentales que utilizan métodos distintos para aplicaciones especializadas:

- **El aprendizaje supervisado** es el tipo más común de aprendizaje de IA, en el que un modelo se entrena utilizando ejemplos que ya tienen respuestas correctas. Es como si un profesor enseñara a un alumno tarjetas con una imagen y la etiqueta correcta. Por ejemplo, en una aplicación de identificación de razas caninas, la IA recibe imágenes de perros (datos de entrada) junto con los nombres de sus razas (etiquetas). Estudiando una serie de ejemplos etiquetados, el modelo aprende a reconocer patrones y a asociar características específicas a cada raza. Una vez entrenado, puede ver la foto de un perro nuevo y predecir su raza basándose en lo que ha aprendido. Este enfoque se utiliza ampliamente en aplicaciones como la detección de *spam* en correos electrónicos y el reconocimiento de escritura a mano.
- **El aprendizaje no supervisado** es diferente porque no utiliza datos etiquetados, lo que significa que la IA no recibe

las «respuestas correctas». En su lugar, explora los datos por su cuenta y busca patrones o grupos. Imagínese que le dan un montón de piezas de puzle sin conocer la imagen final: empezaría a agrupar piezas similares por su color o forma. Un ejemplo del mundo real es identificar distintos tipos de compradores en función de sus hábitos de compra, sin conocer de antemano sus preferencias específicas. El aprendizaje no supervisado descubre patrones y relaciones ocultos en los datos que pueden no ser evidentes a primera vista.

- **El aprendizaje por refuerzo** funciona mediante un sistema de recompensas y castigos, como el adiestramiento de una mascota. La IA prueba distintas acciones y aprende de los resultados: las buenas decisiones se recompensan y las malas reciben una respuesta negativa. Por ejemplo, un vehículo autónomo que ajusta su trayectoria en tiempo real mediante sensores recibiría una respuesta positiva cuando consigue evitar obstáculos y una negativa cuando no lo consigue. Este método se utiliza a menudo en robótica e inteligencia artificial, como los algoritmos de los motores de ajedrez autodidactas.

Redes neuronales

Las redes neuronales procesan datos a través de múltiples capas interconectadas de «neuronas» artificiales que emulan la estructura del cerebro humano. Estas redes son especialmente buenas en tareas como el reconocimiento de imágenes y del habla. Un ejemplo con el que probablemente estés familiarizado sería una red neuronal que ayuda a tu teléfono a reconocer tu cara cuando lo desbloqueas mediante reconocimiento facial.

En esencia, estas redes constan de tres capas principales: la capa de entrada, las capas ocultas y la capa de salida. La capa de entrada recibe los datos en bruto, como los píxeles de una imagen o las palabras de un texto. Las capas ocultas actúan como motor computacional de la red, identificando patrones y características mediante el ajuste de las conexiones ponderadas durante el entrenamiento. Por último, la capa de salida traduce estos patrones aprendidos en predicciones o clasificaciones significativas.

Las redes neuronales aprenden mediante el entrenamiento, un proceso en el que perfeccionan continuamente sus ajustes internos para mejorar la precisión. La red hace una predicción, la compara con la respuesta correcta y ajusta su configuración para reducir los errores. Este ciclo se repite miles o incluso millones de veces, lo que permite a la red mejorar gradualmente su rendimiento con el tiempo. A diferencia del aprendizaje automático tradicional, que requiere que los humanos definan manualmente las características importantes, las redes neuronales descubren patrones automáticamente, lo que las hace especialmente potentes para manejar datos no estructurados como imágenes, habla y lenguaje natural.

Aprendizaje profundo

Se trata de un tipo más avanzado de red neuronal que puede procesar grandes cantidades de datos a través de múltiples capas. El aprendizaje profundo permite operaciones muy complejas, como traducir idiomas, diagnosticar enfermedades a partir de imágenes médicas y generar textos que se asemejan a la escritura humana. El aprendizaje profundo destaca por su capacidad para procesar grandes cantidades de datos no estructurados, como imágenes, archivos de audio e información basada en texto, sin intervención humana sustancial.

Procesamiento del lenguaje natural (PLN)

La PLN permite a los ordenadores procesar el lenguaje humano y ofrecer respuestas significativas. Esta tecnología impulsa la funcionalidad de *chatbots*, asistentes virtuales y herramientas de traducción de idiomas. Cuando preguntas a tu altavoz inteligente por el tiempo o escribes una pregunta en un motor de búsqueda, la PLN le ayuda a entender y procesar tu petición.

También incluye tecnologías como:

- **Análisis de sentimientos:** la IA puede determinar el tono emocional de un texto, lo que ayuda a las empresas a analizar las opiniones de los clientes.
- **Reconocimiento de voz:** convierte el lenguaje hablado en texto, utilizado en asistentes de voz como Siri y Alexa.
- **Generación de texto:** la IA puede generar texto similar al humano, como artículos de noticias o respuestas de *chatbot*.

Cómo se relacionan estas tecnologías de IA

En lugar de funcionar como herramientas separadas e independientes, estas tecnologías forman un sistema estratificado. La base es el aprendizaje automático, que permite a los ordenadores reconocer patrones en los datos y mejorar su precisión con el tiempo. Las redes neuronales se basan en el aprendizaje automático estructurando estas tareas de reconocimiento de patrones en capas interconectadas, lo que permite a la IA aprender características cada vez más complejas. Cuando esas capas se vuelven especialmente profundas, lo llamamos aprendizaje profundo, que permite el análisis de vastos conjuntos de datos no estructurados con un mínimo de orientación humana.

A continuación, la PLN aprovecha estas técnicas de aprendizaje profundo para comprender y generar lenguaje humano. Las mismas redes neuronales que clasifican imágenes o predicen tendencias también pueden analizar la estructura de las frases, interpretar el contexto y producir respuestas con sentido. Al combinar el aprendizaje automático, las redes neuronales, el aprendizaje profundo y la PLN, los sistemas de IA pueden abordar una amplia gama de tareas – desde la traducción de idiomas hasta la conducción de automóviles– aplicando estas tecnologías en sucesión. Además, estos avances complementarios están impulsando la próxima oleada de innovación, que culminará en la IA generativa, que exploraremos a continuación.

Introducción a la IA generativa

Es posible que haya oído el término «IA generativa» en las noticias o en las redes sociales, pero ¿qué significa realmente y por qué debería importarle? Pues bien, la IA generativa representa un importante avance tecnológico que permite a las máquinas producir nuevos contenidos en múltiples formatos, como texto, imágenes, música y código. La IA generativa va más allá de los enfoques tradicionales, que se centran en el reconocimiento de patrones y la toma de decisiones mediante la generación de datos completamente nuevos.

La IA generativa funciona mediante modelos de aprendizaje profundo que se basan en gran medida en sistemas de redes neuronales, como las redes generativas adversariales (GAN) y las estructuras basadas en transformadores, como el transformador generativo preentrenado (GPT). Los modelos de aprendizaje profundo generan nuevos resultados mediante el entrenamiento en amplios conjuntos de datos que les enseñan a predecir los siguientes elementos en secuencias y a mejorar sus resultados mediante refinamientos repetidos.

Diferencias entre la IA generativa y la tradicional

Los sistemas tradicionales de IA están diseñados principalmente para analizar datos, reconocer patrones y hacer predicciones. Por ejemplo, un modelo de IA tradicional puede utilizarse para detectar *spam* en correos electrónicos, detectar fraudes en transacciones financieras o diagnosticar enfermedades basándose en datos históricos. Estos sistemas se basan en reglas predefinidas o en el aprendizaje supervisado, en el que se les entrena para clasificar o predecir resultados basándose en conjuntos de datos etiquetados.

Por otro lado, la IA generativa va un paso más allá, ya que no se limita a analizar datos, sino que crea datos nuevos. En lugar de limitarse a identificar si un correo electrónico es *spam*, un modelo de IA generativa podría escribir un correo electrónico convincente a partir de una solicitud determinada. Del mismo modo, en lugar de limitarse a reconocer una imagen, la IA generativa puede crear imágenes totalmente nuevas que nunca antes habían existido. Esta capacidad creativa distingue a la IA generativa de la tradicional y amplía considerablemente su gama de aplicaciones.

Por qué es importante la IA generativa

Esta tecnología está transformando el panorama de la industria al tiempo que amplía las capacidades de la IA. Estos factores demuestran por qué la IA generativa tiene un impacto tan significativo:

- **Aumentar la creatividad y la innovación:** puede ayudar a artistas, escritores, diseñadores y músicos generando ideas, borradores o incluso obras acabadas, despertando la creatividad y agilizando el proceso creativo.
- **Automatización de la generación de contenidos:** las empresas pueden aprovecharla para producir materiales de *marketing*, artículos de noticias, descripciones de productos e incluso contenidos de video, reduciendo significativamente el tiempo y el esfuerzo.
- **Personalización de las experiencias de los usuarios:** los contenidos generados por IA pueden adaptarse a las preferencias individuales, como las interacciones de chat personalizadas, las recomendaciones a medida y los materiales de aprendizaje adaptativos en la educación.
- **Avance de la investigación científica:** se está utilizando en el descubrimiento de fármacos, la ciencia de los materiales y otros campos de investigación para generar nuevas hipótesis, compuestos químicos y soluciones a problemas complejos.
- **Cerrar la brecha entre las personas y las máquinas:** con la capacidad de generar texto, imágenes y voz similares a los humanos, la IA generativa mejora la interacción entre las personas y los ordenadores, haciendo que los asistentes y herramientas basados en IA sean más intuitivos y eficaces.

La IA generativa mejora la IA tradicional no solo analizando e interpretando datos, también generando resultados realistas e innovadores. Este cambio del análisis descriptivo y predictivo a las aplicaciones creativas y productivas marca un salto importante en el campo.

Resumen

Aunque la IA pueda parecer un tema complejo, en el fondo se trata de crear sistemas inteligentes que puedan ayudar a los seres humanos de diversas maneras. Aunque tener una idea general de cómo funciona la IA es ciertamente beneficioso, no es necesario comprender todos los detalles intrincados para hacer un uso eficaz de sus herramientas. Afortunadamente, muchas aplicaciones de IA vienen con interfaces intuitivas y automatización incorporada que ocultan la complejidad subyacente. Esto permite a las personas y a las empresas manejar tareas como el análisis de datos, la captación de clientes y la creación de contenidos, incluso sin entender completamente todos los aspectos técnicos.

Cuanto más aprendas sobre la IA, mejor preparado estarás para aprovechar sus ventajas y tomar decisiones informadas sobre su influencia en su vida y en el mundo que le rodea. En el próximo capítulo, exploraremos ejemplos concretos de cómo la IA ya está transformando varios sectores y facilitando más que nunca las tareas cotidianas.

2

LA IA EN LA VIDA COTIDIANA

La IA se ha entretejido silenciosamente en casi todos los aspectos de la vida moderna, dando forma a la forma en que nos comunicamos, trabajamos, compramos e incluso cuidamos de nuestra salud. Desde el *smartphone* que llevamos en el bolsillo hasta los dispositivos inteligentes de nuestro hogar, la IA está impulsando la comodidad, la eficiencia y la personalización. Impulsa asistentes virtuales que predicen las necesidades del usuario, aplicaciones de *fitness* que realizan un seguimiento de las métricas de salud y sistemas que optimizan las rutinas diarias.

Más allá del uso personal, la IA también está transformando sectores enteros, revolucionando campos como la sanidad, las finanzas y el comercio minorista. Este capítulo destaca cómo la IA ya está integrada en nuestras vidas y cómo es probable que se convierta en algo cada vez más común, a menudo de formas que puede que no reconozcamos inmediatamente.

La IA en tu bolsillo: aplicaciones para *smartphone* que utilizan IA

Es justo decir que los *smartphones* se han convertido en una extensión de la vida diaria, realizando tareas que antes requerían varios dispositivos y horas de esfuerzo. Es raro encontrar a alguien sin uno, y por una buena razón: estas herramientas con inteligencia artificial hacen mucho más que llamar y enviar mensajes de texto. Organizan agendas, proporcionan navegación en tiempo real, mejoran fotos, realizan un seguimiento de las métricas de salud e incluso agilizan las compras recomendando productos, comparando precios y gestionando pagos móviles, todo desde la palma de la mano.

Desde que te levantas hasta que pones el despertador por la noche, la IA trabaja entre bastidores. Incluso mientras duermes, las aplicaciones basadas en IA analizan los patrones de sueño, proporcionan información sobre la calidad del descanso y ofrecen recomendaciones para mejorar tu bienestar general.

Una de las formas más obvias en que la IA mejora el uso de los *smartphones* es a través de asistentes virtuales como Google Assistant y Siri. Estos compañeros inteligentes van más allá de programar alarmas y enviar mensajes de texto: reconocen tu voz, responden preguntas, ofrecen recomendaciones e incluso aprenden tus preferencias para anticiparse a tus necesidades. Tanto si necesitas indicaciones, recordatorios o actualizaciones meteorológicas, tu asistente virtual actúa como un gestor personal, manteniéndote organizado con un simple comando de voz.

La fotografía también se ha transformado gracias a las aplicaciones basadas en IA, que permiten capturar y editar imágenes sin esfuerzo. Con ajustes automáticos de iluminación, equilibrio de color y eliminación de objetos, tus fotos siempre tendrán el mejor aspecto gracias a la IA. Funciones avanzadas como el desenfoque del fondo, el reconocimiento facial y la mejora de la escena convierten las instantáneas de aficionados en imágenes de calidad profesional, todo ello sin necesidad de grandes conocimientos de edición.

La IA también está rompiendo las barreras de la comunicación gracias a las aplicaciones de traducción en tiempo real, que permiten mantener conversaciones en varios idiomas. Tanto si viajas al extranjero como si hablas con alguien que no comparte tu lengua materna, los traductores ofrecen traducciones instantáneas y precisas de palabras habladas o escritas. Además, las funciones de voz a texto permiten tomar notas rápidamente y enviar mensajes con las manos libres, haciendo que las interacciones cotidianas sean más fluidas y accesibles.

Si tienes un *smartphone*, ya utilizas la IA a diario, te des cuenta o no. A medida que la tecnología siga evolucionando, los *smartphones* serán cada vez más capaces, se integrarán más en las tareas rutinarias y reconfigurarán nuestra forma de trabajar, comunicarnos e interactuar con el mundo.

Casas inteligentes: haz que tu casa trabaje para ti

Incluso nuestros hogares se están volviendo más inteligentes, pasando de ser espacios estáticos a entornos inteligentes que se anticipan a las necesidades y responden a las rutinas diarias. Sin embargo, mientras que los teléfonos inteligentes se han hecho casi universales, la tecnología doméstica inteligente aún se encuentra en las primeras fases de adopción generalizada. Pero a medida que los dispositivos basados en inteligencia artificial se hacen más asequibles y accesibles, más hogares empiezan a adoptar estas innovaciones.

Los hogares inteligentes ya no son un lujo o un concepto lejano, sino que se están convirtiendo en el estándar de la vida moderna. Con la tecnología basada en IA, los hogares pueden ahora ajustar la iluminación, regular la temperatura, asegurar los puntos de entrada e incluso limpiarse a sí mismos, todo ello mientras aprenden y se adaptan a las preferencias personales.

En el centro de esta transformación están los sistemas basados en IA diseñados para optimizar estas funciones sin fisuras. Los termostatos inteligentes como Google Nest y Ecobee aprenden las rutinas diarias y las preferencias de temperatura, ajustando automáticamente la configuración para garantizar el confort y reducir el consumo de energía. Los sistemas de iluminación inteligentes como Philips Hue y LIFX funcionan como tecnologías sensibles que se ajustan a las condiciones de iluminación natural y a la presencia del usuario para garantizar una iluminación adecuada al tiempo que ahorran electricidad. Estos avances hacen que los hogares sean más eficientes energéticamente, reduciendo los costes de los servicios públicos sin sacrificar la comodidad.

La seguridad es otra área en la que la IA está teniendo un impacto significativo. Los modernos sistemas inteligentes de seguridad doméstica van más allá de la simple vigilancia: analizan las imágenes en tiempo real y distinguen entre la actividad rutinaria y las amenazas potenciales. Cámaras con IA como Ring Video Doorbell y Arlo Pro pueden diferenciar entre un coche que pasa, una mascota o un visitante desconocido, enviando alertas solo cuando es necesario. Cerraduras inteligentes como August Smart Lock y Schlage Encode añaden otra capa de protección, permitiendo a los propietarios bloquear y desbloquear las puertas a distancia, garantizando la seguridad incluso cuando están fuera.

De vuelta al hogar, las aspiradoras robóticas como iRobot Roomba y Ecovacs Deebot se mueven alrededor de los muebles y mantienen el suelo limpio sin esfuerzo manual. También impulsados por la IA, los sistemas de entretenimiento controlados por voz, como Amazon Echo y Google Nest Hub, proporcionan acceso manos libres a música, películas y funciones de televisión inteligente con simples comandos verbales. Los electrodomésticos inteligentes, como los refrigeradores Samsung Family Hub, que hacen un seguimiento de las compras y sugieren recetas, y los hornos inteligentes June, que ajustan los tiempos de cocción basándose en el reconocimiento de alimentos por IA, simplifican la gestión del hogar y agilizan las rutinas diarias.

La IA en las finanzas personales: herramientas de presupuesto e inversión

Gestionar las finanzas personales puede resultar abrumador, pero las herramientas basadas en IA están facilitando más que nunca el seguimiento de los gastos, la elaboración de presupuestos y la inversión inteligente. Estas aplicaciones inteligentes actúan como asesores financieros virtuales, ofreciendo información en tiempo real, automatizando la gestión del dinero y proporcionando recomendaciones personalizadas. Tanto si quieres recortar gastos, realizar inversiones más inteligentes o conocer mejor tus finanzas, las herramientas basadas en IA pueden ayudarte a simplificar la gestión del dinero.

Para el presupuesto diario, aplicaciones basadas en IA como Mint, YNAB (You Need a Budget) y PocketGuard categorizan automáticamente las transacciones, realizan un seguimiento de los patrones de gasto y ofrecen asesoramiento financiero personalizado. Estas aplicaciones proporcionan un desglose claro de los gastos, ayudando a los usuarios a identificar áreas en las que recortar gastos y mejorar el ahorro. Mediante el análisis de los hábitos de gasto anteriores, la IA puede incluso predecir gastos futuros, ofreciendo sugerencias proactivas para mantener el rumbo financiero. En lugar de introducir los gastos manualmente, estas herramientas agilizan la elaboración de presupuestos, haciendo que la gestión financiera resulte más intuitiva y sencilla.

La IA también desempeña un papel importante en la inversión. Betterment, Wealthfront y Ellevest son plataformas de inversión automatizadas que utilizan algoritmos de IA para comprender los movimientos del mercado y ajustar automáticamente las carteras de inversión en función de las preferencias de riesgo y los objetivos financieros de cada cliente. A diferencia de los asesores financieros tradicionales, estos roboasesores ofrecen información basada en datos sin comisiones elevadas, lo que hace que las estrategias de inversión sean más accesibles para los usuarios de a pie.

Además, plataformas de análisis bursátil como Zacks Investment Research y Tickeron ofrecen información sobre el mercado en tiempo real, analizan datos históricos y predicen tendencias para ayudar a los inversores a tomar decisiones informadas con rapidez y confianza.

Obviamente, la seguridad es una prioridad cuando se trata de datos financieros, por lo que las herramientas financieras basadas en IA incorporan medidas de seguridad avanzadas para proteger la información sensible. Por ejemplo, el cifrado garantiza que los datos personales y bancarios permanezcan privados, mientras que la autenticación de dos factores (2FA) proporciona protección adicional al exigir a los usuarios que completen un segundo paso de verificación después de introducir su contraseña.

Muchas plataformas también utilizan la detección de fraude basada en IA, que supervisa las transacciones en busca de actividad inusual y alerta a los usuarios de posibles amenazas en tiempo real. Estas protecciones ayudan a garantizar que los datos financieros permanezcan seguros al tiempo que permiten a los usuarios gestionar su dinero con tranquilidad.

Comercio minorista y electrónico: personalizar las experiencias de compra

Las compras en línea se han convertido en una comodidad diaria para millones de personas, con plataformas de comercio electrónico que ofrecen de todo, desde comestibles hasta artículos de lujo, con solo pulsar un botón. Tanto si estás buscando unas zapatillas nuevas para correr, como si pides material de oficina o buscas el regalo perfecto, la IA trabaja en segundo plano para mejorar tu experiencia de compra.

Una de las aportaciones más notables de la IA al comercio electrónico es su capacidad para personalizar las experiencias de compra. Los motores de recomendación analizan el historial de navegación, las compras anteriores e incluso el tiempo dedicado a productos específicos para sugerir artículos adaptados a las preferencias individuales. Esta tecnología, utilizada por plataformas como Amazon, eBay y Shopify, actúa como un comprador personal virtual, seleccionando artículos que se ajustan al estilo y los intereses únicos del cliente. Al predecir lo que los compradores podrían querer a continuación, la IA aumenta activamente la comodidad, mejora la satisfacción del cliente e impulsa la fidelidad a la marca.

Más allá de las recomendaciones, los *chatbots* han revolucionado la atención al cliente en el comercio en línea. Gracias a la IA, estos asistentes digitales ofrecen asistencia en tiempo real, responden a consultas, sugieren productos y ayudan a pagar. A diferencia de los representantes humanos de atención al cliente, los *chatbots* de IA trabajan 24 horas al día, 7 días a la semana, ofreciendo ayuda inmediata sin tiempos de espera. Pueden procesar varias solicitudes a la vez, gestionar devoluciones e incluso aprender de interacciones anteriores para mejorar sus respuestas.

La IA también se utiliza en la gestión de inventarios, ayudando a los minoristas a mantener los niveles adecuados de existencias sin excederse en los pedidos ni quedarse sin productos populares. Las herramientas de previsión basadas en IA utilizan datos históricos de ventas combinados con patrones estacionales y factores externos, como las condiciones meteorológicas, para ayudar a las empresas a lograr predicciones precisas de la demanda.

Tomemos como ejemplo minoristas como Walmart y Zara, que utilizan sistemas de inventario basados en IA para supervisar las existencias en tiempo real, activando automáticamente las reposiciones cuando es necesario. Esto minimiza los residuos, reduce los costes de almacenamiento y garantiza que los clientes encuentren los productos que desean cuando los necesitan.

El conocimiento del consumidor es otro ámbito en el que la IA está teniendo un impacto significativo. Las herramientas de análisis del sentimiento analizan las reseñas de productos, las conversaciones en las redes sociales y los comentarios de los clientes para calibrar la opinión pública sobre productos y servicios. Los minoristas utilizan estos datos para perfeccionar las estrategias de *marketing*, mejorar la oferta de productos y responder a las necesidades de los clientes con mayor eficacia. Las plataformas de *marketing* basadas en IA, como las que utilizan Nike y Target, analizan el comportamiento de los consumidores para ofrecer anuncios, promociones y campañas de correo electrónico personalizados que resuenen en segmentos específicos de clientes.

Ejercicio y forma física con IA: rastreadores y herramientas de bienestar inteligentes

La IA se ha convertido en una parte esencial de la salud personal y el *fitness*, ofreciendo formas más inteligentes de controlar el bienestar y optimizar los entrenamientos. Desde el seguimiento de la actividad diaria hasta el análisis de los patrones de sueño e incluso la detección de posibles problemas de salud, las herramientas de salud basadas en IA han transformado la forma en que las personas se comprometen con sus objetivos de *fitness*. Los dispositivos y aplicaciones equipados con IA no se limitan a recopilar datos, sino que proporcionan información personalizada que ayuda a los usuarios a tomar decisiones informadas sobre su salud con el mínimo esfuerzo.

Los *wearables* con IA, como el Apple Watch, Fitbit Sense y WHOOP, van más allá del mero recuento de pasos. Estos dispositivos monitorizan la frecuencia cardiaca, los niveles de oxígeno en sangre, los ciclos de sueño y los niveles de estrés, y utilizan la IA para analizar tendencias y ofrecer recomendaciones prácticas. Por ejemplo, Sleep Score de Fitbit evalúa la calidad del sueño basándose en la variabilidad de la frecuencia cardiaca y el movimiento, mientras que la función ECG de Apple puede detectar ritmos cardiacos irregulares, alertando potencialmente a los usuarios de signos precoces de afecciones cardiacas. Estas funciones de seguimiento de la salud permiten a los usuarios comprender cómo responde su cuerpo a las distintas actividades, ayudándoles a realizar ajustes significativos en su estilo de vida.

Más allá del seguimiento, la IA está revolucionando el entrenamiento físico con planes de ejercicio personalizados que se adaptan a los progresos a lo largo del tiempo. Aplicaciones como Freeletics, Nike Training Club y Future utilizan IA para generar rutinas de entrenamiento personalizadas basadas en el nivel de forma física, los objetivos y el rendimiento anterior.

Tempo Move y Peloton Guide van aún más lejos, utilizando el seguimiento del movimiento basado en IA para evaluar la forma y proporcionar información en tiempo real durante los entrenamientos. Estas herramientas mantienen motivados a los usuarios y garantizan que hagan ejercicio de forma segura y eficaz, ofreciendo la experiencia de un entrenador personal sin los elevados costes que ello conlleva.

La incorporación de la IA a la salud y la forma física no es solo una cuestión de comodidad, sino de dotar a las personas de conocimientos y motivación. Estas herramientas acortan la distancia entre la recopilación de datos y la acción significativa, convirtiendo los hábitos cotidianos en decisiones más inteligentes para el bienestar a largo plazo.

La IA en la sanidad: revolucionando el diagnóstico y el tratamiento

La IA está revolucionando el sector sanitario. Desde la detección precoz de enfermedades hasta la optimización de los planes de tratamiento e incluso el descubrimiento de nuevos fármacos, la tecnología está desempeñando un papel fundamental en muchos aspectos de la atención al paciente, lo que beneficia tanto a médicos como a pacientes.

En radiología, los sistemas basados en IA analizan radiografías, resonancias magnéticas y tomografías computarizadas con notable precisión, identificando anomalías que el ojo humano podría pasar por alto. Los algoritmos de aprendizaje profundo pueden detectar signos de cáncer, fracturas y otras afecciones con mayor rapidez y precisión que los métodos tradicionales. Por ejemplo, las herramientas de cribado asistidas por IA pueden evaluar mamografías en busca de signos tempranos de cáncer de mama, proporcionando a los radiólogos una segunda opinión que mejora su capacidad para tomar decisiones informadas.

Además, los modelos predictivos de IA analizan el historial del paciente y sus historiales médicos para predecir posibles riesgos para la salud, lo que proporciona a los médicos un enfoque proactivo de la prevención de enfermedades y la planificación de tratamientos.

Una vez confirmado el diagnóstico, la IA ayuda a los profesionales sanitarios a elaborar planes de tratamiento individualizados. Las plataformas médicas analizan los datos de los pacientes para proponer las dosis ideales de medicación y modificar los tratamientos de enfermedades crónicas, al tiempo que crean intervenciones personalizadas a partir de perfiles de salud individuales.

Para enfermedades como la diabetes, los sistemas basados en IA pueden monitorizar los niveles de glucosa en tiempo real y sugerir ajustes de insulina, ayudando a los pacientes a mantener un mejor control sobre su salud. Del mismo modo, los algoritmos de IA ayudan en oncología analizando marcadores genéticos para determinar los tratamientos contra el cáncer más eficaces para cada paciente, reduciendo el ensayo y error en la selección de medicamentos y mejorando los resultados del tratamiento.

La industria farmacéutica también se está beneficiando, ya que la IA está revolucionando el descubrimiento de fármacos al acelerar los procesos de investigación y desarrollo. Los modelos de IA analizan vastos conjuntos de datos químicos y biológicos para predecir qué compuestos farmacológicos tienen más probabilidades de éxito en el tratamiento de enfermedades. En lugar de tardar años en identificar fármacos candidatos viables, la tecnología puede simular interacciones entre fármacos y sistemas biológicos, lo que reduce considerablemente el tiempo necesario para las primeras fases de la investigación.

También está mejorando los ensayos clínicos al predecir qué pacientes tienen más probabilidades de responder a un nuevo fármaco, optimizar el diseño de los ensayos y aumentar la probabilidad de obtener resultados satisfactorios.

A pesar de su potencial transformador, la IA en la atención sanitaria conlleva limitaciones y riesgos que requieren una cuidadosa supervisión. Aunque puede procesar grandes cantidades de datos médicos, carece de intuición humana, razonamiento ético y comprensión contextual, que son cruciales en casos médicos complejos. Los errores en las predicciones de la IA, si no se controlan, pueden tener graves consecuencias para la seguridad de los pacientes. Para mitigar estos riesgos, la supervisión humana sigue siendo esencial: los profesionales sanitarios deben validar los conocimientos generados por la IA, interpretar las recomendaciones en el contexto de las circunstancias únicas de cada paciente y garantizar el cumplimiento de las normas éticas.

La IA en la educación: aprendizaje personalizado

La IA está transformando la educación tal y como la conocemos. En lugar de un enfoque único para todos, las plataformas impulsadas por la IA trabajan para adaptarse a los puntos fuertes y débiles de cada alumno y a su ritmo de aprendizaje. De este modo, son capaces de proporcionar una enseñanza personalizada que ayuda a maximizar la comprensión. Por ejemplo, si un alumno destaca en lectura pero tiene dificultades en matemáticas, el sistema ajusta sus lecciones, dedicando más tiempo a la práctica de las matemáticas mientras sigue reforzando las habilidades de lectura. Este enfoque individualizado mantiene a los alumnos ocupados al ritmo que les conviene, reduciendo la frustración y mejorando la comprensión.

La IA también está mejorando el compromiso a través de experiencias de aprendizaje inmersivas. La realidad virtual (RV) y la realidad aumentada (RA), impulsadas por inteligencia artificial, dan vida a las asignaturas de una forma que los métodos de enseñanza tradicionales no pueden. Los estudiantes pueden ahora explorar civilizaciones antiguas, realizar experimentos científicos virtuales o interactuar con teorías matemáticas de forma visual e interactiva. Estas experiencias hacen que el aprendizaje sea más dinámico y memorable, y se adaptan a diferentes estilos de aprendizaje.

Los profesores también se benefician de la IA, ya que reduce las tareas administrativas que consumen mucho tiempo y mejora tanto la experiencia de aprendizaje como la de enseñanza. La automatización de la calificación, el seguimiento de la asistencia y la planificación de las clases ayudan a los educadores a ahorrar un tiempo valioso y a mantener la coherencia. Al minimizar el papeleo y optimizar el flujo de trabajo, la IA permite a los profesores dedicar más tiempo a interactuar con los alumnos.

A pesar de sus beneficios, la IA en la educación presenta algunos retos notables. Los estudiantes sin acceso fiable a la tecnología pueden perderse oportunidades de aprendizaje impulsadas por la IA, y los colegios con escasos fondos pueden tener dificultades para proporcionar las herramientas necesarias, ampliando la brecha entre los que tienen y los que no tienen acceso a la tecnología de vanguardia.

Además, las plataformas de aprendizaje de alta calidad impulsadas por IA, las herramientas de RV y los sistemas de análisis basados en datos a menudo requieren una inversión significativa, lo que obliga a las escuelas a equilibrar los beneficios de la IA con las limitaciones presupuestarias para garantizar que la adopción de la tecnología no se produzca a expensas de otros recursos educativos esenciales.

Otro problema es la excesiva dependencia de la tecnología. Aunque la IA puede personalizar el aprendizaje, no puede sustituir la conexión humana entre profesores y alumnos. La educación implica inteligencia emocional, pensamiento crítico y tutoría, cualidades que la IA no puede reproducir plenamente. Una dependencia excesiva de las herramientas de aprendizaje basadas en IA puede limitar las oportunidades de los estudiantes de cultivar habilidades interpersonales y de participar en conversaciones valiosas con profesores y compañeros.

Resumen

Esperamos que ahora pueda ver lo extendida que está ya la IA, que está dando forma a todo, desde las rutinas diarias hasta las principales industrias. Los ejemplos de este capítulo solo pretenden dar una idea de la enorme influencia de la IA, ya que su alcance va mucho más allá de lo que podemos abarcar aquí. A medida que siga evolucionando, la IA se integrará aún más en nuestras vidas de formas que apenas estamos empezando a imaginar.

Con esta presencia cada vez mayor, es posible que se pregunte cómo aprovechar su poder en su propio beneficio. Si quieres aumentar la productividad, automatizar tareas o explorar la creatividad impulsada por la IA, existen muchas herramientas para principiantes. En el próximo capítulo, exploraremos con más detalle algunas de las herramientas de IA más accesibles, cómo funcionan y formas prácticas de empezar a utilizarlas.

3

HERRAMIENTAS DE IA PARA PRINCIPIANTES

La IA destaca por transformar procesos complejos en tareas sencillas, al tiempo que pone la tecnología avanzada al alcance de todos. Diseñado para principiantes, este capítulo proporcionará orientación para seleccionar herramientas de IA que mejoren la productividad personal y profesional. Tanto si deseas automatizar tareas rutinarias, generar contenidos o simplemente experimentar con las capacidades de la inteligencia artificial, exploraremos algunas de las herramientas más accesibles y potentes disponibles en la actualidad, junto con una guía práctica sobre cómo empezar a utilizarlas de inmediato.

Primeros pasos con la IA: elegir las herramientas adecuadas

Con tantas herramientas disponibles, elegir las adecuadas puede resultar abrumador. Cuando evalúes tus opciones, tenga en cuenta las tareas personales y profesionales que podrían beneficiarse de la automatización o de la ayuda de la IA. Empieza por identificar las actividades repetitivas o que requieren mucho tiempo –como la programación, la creación de contenidos o la organización de datos– que una herramienta de IA podría simplificar.

Para evitar sentirte sobrecargado, comienza con una o dos herramientas básicas que se ajusten a tus necesidades y luego explora otras adicionales a medida que aumente tu confianza. Aclarar tus prioridades te ayudará a seleccionar herramientas que aporten un valor real en lugar de una complejidad innecesaria.

Al evaluar las herramientas de IA para el trabajo, ten en cuenta las políticas de la empresa y las directrices del lugar de trabajo. Las herramientas que puede utilizar dependen de tu función laboral o de tu empleador, ya que no todas las soluciones de IA son adecuadas para todos los entornos de trabajo. Por ejemplo, algunas pueden estar restringidas por cuestiones de seguridad de datos, compatibilidad de *software* o normativas de cumplimiento. Así que, teniendo esto en cuenta, antes de integrar la IA en tu flujo de trabajo, es esencial que te asegures de que cualquier herramienta está aprobada por tu empleador y se alinea con los protocolos de seguridad de la empresa y su infraestructura tecnológica.

Cuando compares las numerosas herramientas de IA disponibles, asegúrate de leer los comentarios de los usuarios y conocer las opiniones de los expertos para calibrar su eficacia y fiabilidad. Presta especial atención a sus características, funcionalidades y a su integración con las herramientas que ya utilizas. Por ejemplo, si estás considerando un asistente de programación de IA, asegúrate de que se sincroniza con tus aplicaciones de calendario existentes.

La facilidad de uso es otro factor clave a tener en cuenta. Opta por herramientas con interfaces intuitivas que no requieran una amplia formación o conocimientos técnicos, lo que le permitirá empezar a utilizarlas con eficacia de inmediato. Además, intenta dar prioridad a las herramientas que ofrezcan un sólido servicio de atención al cliente y tutoriales, ya que tener acceso a recursos útiles y una asistencia receptiva puede marcar una diferencia significativa, especialmente cuando eres nuevo en la IA.

En el resto de este capítulo, se presenta una selección de herramientas de IA especialmente adecuadas para principiantes. Se han elegido por su facilidad de uso, su accesibilidad y su capacidad para ofrecer ventajas significativas con una configuración mínima. Si no estás seguro de por dónde empezar, estas recomendaciones te proporcionarán una base sólida. En capítulos posteriores, exploraremos otras herramientas de IA diseñadas para maximizar la productividad y la creatividad. Tanto si el objetivo es mejorar tu vida personal como optimizar tareas profesionales, estas soluciones proporcionarán un punto de partida práctico.

Grammarly: mejora tu escritura con la ayuda de la IA

Grammarly es una herramienta de AI que cualquiera puede empezar a utilizar de inmediato. Con una configuración rápida, mejora sin esfuerzo las tareas diarias de escritura. Como introducción accesible a la productividad impulsada por IA, Grammarly es un gran punto de partida para los principiantes que buscan mejorar su comunicación.

¿Te cuesta perfeccionar un correo electrónico, una entrada de blog o un informe? Tal vez estés perfeccionando una actualización de redes sociales o redactando una carta de presentación sobresaliente. Aquí es donde Grammarly te ayuda. Esta herramienta basada en IA mejora tu escritura, ya estés redactando un mensaje, puliendo una presentación o actualizando tu perfil de LinkedIn. Grammarly, que actúa como un asistente de escritura inteligente, detecta errores y mejora la claridad, garantizando que tus palabras sean pulidas y profesionales. Es como tener un editor personal que te ofrece sugerencias en tiempo real para ayudarte a comunicarte con confianza.

A diferencia del corrector ortográfico básico de Microsoft Word, que se centra principalmente en identificar palabras mal escritas y errores gramaticales simples, Grammarly va un paso más allá analizando la estructura de las frases, el tono, la claridad y el compromiso. Proporciona sugerencias en tiempo real para mejorar la legibilidad, eliminar la palabrería y garantizar que su redacción se ajusta al público al que va dirigida. Tanto si buscas un tono formal, persuasivo o conversacional, Grammarly se adapta a tu estilo de escritura y te ofrece recomendaciones en función del contexto.

Donde realmente brilla su versatilidad es en la capacidad para integrarse con varias plataformas, lo que garantiza que su escritura se mantenga pulida en diferentes aplicaciones. Para aquellos que utilizan Microsoft Office, se conecta directamente con Word y Outlook, incorporando sus funciones de edición directamente a su flujo de trabajo. Esto permite recibir sugerencias en tiempo real mientras trabajas en documentos y correos electrónicos, eliminando la necesidad de cambiar entre programas.

Instrucciones para empezar a utilizar Grammarly

1. **Visita el sitio web de Grammarly:** empieza por navegar por el sitio web de Grammarly (Grammarly.com), donde encontrarás información detallada sobre la herramienta y sus funciones.
2. **Descarga** la extensión para navegadores: desde el sitio web, descarga la extensión para navegadores de Grammarly. Esta extensión es compatible con la mayoría de los principales navegadores y se integra fácilmente con sus actividades web.
3. **Instala la extensión:** sigue las instrucciones para añadir la extensión descargada a tu navegador preferido. Este paso suele ser sencillo y consiste en hacer clic en el botón «Añadir» o «Instalar».
4. **Crea una cuenta:** proporciona los datos básicos necesarios para el registro.
5. **Configura sus preferencias:** durante la instalación, puedes configurar las preferencias de escritura. Tanto si buscas un tono formal como un enfoque más conversacional, la configuración de estas preferencias ayuda a Grammarly a adaptar sus sugerencias a tu voz única.
6. **Elije tu plan:** decide entre la versión gratuita y la suscripción prémium. La versión gratuita ofrece comprobaciones básicas de gramática, ortografía y puntuación, ideales para la

escritura informal. La versión prémium incluye funciones avanzadas, como ajustes de estilo y tono, detección de plagio y sugerencias avanzadas para la elección de palabras y la estructura de las frases. Es adecuada para necesidades de redacción más pulidas y profesionales.

7. **Empieza a escribir:** con Grammarly instalado y configurado, trabajará en segundo plano mientras escribes, ya estés redactando correos electrónicos, preparando informes o publicando en las redes sociales. Proporciona comentarios y sugerencias en tiempo real sin eclipsar tu estilo personal.

Asistentes virtuales: Siri, Google Assistant y Alexa

Como ya hemos comentado, los asistentes virtuales son otra forma sencilla de empezar a aplicar la IA en tu vida diaria. Una gran ventaja de los asistentes virtuales es su facilidad de uso. No requieren conocimientos técnicos: si sabes hablar o escribir a máquina, puedes interactuar con ellos. Están diseñados para ser intuitivos y fáciles de usar, lo que los convierte en un excelente punto de entrada para quienes se inician en la IA. Además, son potentes herramientas que ahorran tiempo. Ya se trate de establecer recordatorios, programar reuniones o gestionar listas de tareas pendientes, los asistentes virtuales se encargan de las tareas rutinarias con eficacia, permitiendo a los usuarios centrarse en trabajos más importantes.

Más allá de la productividad, los asistentes virtuales ofrecen la comodidad de tener las manos libres. Los comandos de voz permiten a los usuarios interactuar con sus dispositivos mientras cocinan, hacen ejercicio, cuidan de sus hijos, trabajan o conducen. Además, aprenden del comportamiento del usuario y, con el tiempo, ofrecen gradualmente recomendaciones y respuestas más personalizadas. Otra gran ventaja es su fácil integración con las herramientas cotidianas. Desde el correo electrónico y los calendarios hasta los dispositivos domésticos inteligentes, los asistentes virtuales funcionan en múltiples plataformas para agilizar las actividades diarias.

El uso generalizado de asistentes virtuales significa que existen numerosos recursos para ayudarte a maximizar tu potencial. Ya se trate de tutoriales en línea, foros comunitarios o asistencia técnica, encontrar orientación es fácil. De hecho, es probable que ya conozcas a alguien que utilice habitualmente un asistente virtual y pueda darte consejos o responder a tus preguntas basándose en su experiencia.

Si tienes un iPhone, iPad o teléfono Android, o posees un altavoz inteligente, ya tienes acceso a un potente asistente de IA. A continuación, repasaremos cómo utilizar Siri (dispositivos Apple), Google Assistant (dispositivos Android y Google) y Alexa (dispositivos inteligentes Amazon) para aumentar tu productividad y simplificar tu rutina.

Usar Siri en un iPhone o iPad

Siri viene preinstalado en iPhones y iPad, lo que permite a los usuarios empezar a utilizarlo mediante un comando de voz o pulsando un botón. Puedes activar Siri yendo a Ajustes>Siri y Búsqueda, donde encontrarás la opción de activar «Oye Siri» para la activación por voz manos libres. También puedes activarla manteniendo pulsado el botón de inicio en los iPhones antiguos o el botón lateral en los modelos más recientes.

Siri es una herramienta práctica para gestionar tareas, establecer recordatorios y ejecutar acciones rápidas sin tocar físicamente el dispositivo. Puedes usarla para enviar mensajes, controlar aparatos inteligentes para el hogar o consultar el tiempo. ¿Necesitas una conversión rápida de unidades mientras cocinas? Siri te ofrece respuestas al instante. ¿Estás de viaje y necesitas enviar un mensaje? Siri te permite hacerlo con las manos libres.

Aquí tienes algunos ejemplos de cómo puedes utilizarla:

- **Configura recordatorios y alarmas:** «Oye Siri, recuérdame que llame a mamá a las 18:00».

- **Envía un mensaje:** «Oye Siri, envía un mensaje a Juan diciéndole "Estaré allí en 10 minutos"».
- **Obtén indicaciones:** «Oye Siri, dame indicaciones para llegar a la cafetería más cercana».
- **Controla dispositivos inteligentes:** «Oye Siri, apaga las luces del dormitorio».
- **Consulta las actualizaciones meteorológicas:** «Oye Siri, ¿necesito un paraguas hoy?».

Uso del Asistente de Google en teléfonos Android y dispositivos Google

Para aquellos con *smartphones* Android o dispositivos inteligentes de Google, Google Assistant es una potente herramienta de IA que puede ayudarte con diversas tareas. Puedes activar Google Assistant diciendo «Oye Google» u «OK Google» o manteniendo pulsado el botón de encendido en algunos dispositivos Android. Los usuarios que no tengan la app en su dispositivo pueden descargarla desde Google Play Store.

Google Assistant es especialmente útil para gestionar horarios, buscar información y controlar dispositivos domésticos inteligentes compatibles con Google. Si estás conduciendo y necesitas indicaciones, el Asistente de Google puede guiarte sin necesidad de tocar el teléfono. Si estás preparando una reunión, puede leerte la agenda en voz alta.

Estas son algunas formas de sacar el máximo partido a Google Assistant:

- **Gestiona tu agenda:** «Oye Google, ¿qué hay hoy en mi calendario?».
- **Envía mensajes con manos libres:** «Oye Google, envía un mensaje de WhatsApp a María diciendo "Nos vemos en la comida"».

- **Traduce idiomas al instante:** «Oye Google, ¿cómo se dice "gracias" en francés?».
- **Controla dispositivos domésticos inteligentes:** «Oye Google, enciende las luces del salón».
- **Obtén actualizaciones de tráfico en tiempo real:** «Oye Google, ¿cuánto tardaré en llegar al aeropuerto?».
- **Reproduce música o pódcasts:** «Oye Google, reproduce mi lista de reproducción "Focus" en Spotify».

Uso de Alexa con dispositivos Amazon

A diferencia de Siri y Google Assistant, Alexa se utiliza principalmente con los altavoces inteligentes Amazon Echo y otros dispositivos compatibles con Alexa. Para acceder a Alexa, necesitarás un dispositivo compatible como Amazon Echo, Echo Dot o Echo Show. Una vez que hayas configurado tu dispositivo con la aplicación Amazon Alexa, puedes activarla simplemente diciendo «Alexa», seguido de tu petición.

Alexa es especialmente útil para gestionar listas de la compra, controlar dispositivos domésticos inteligentes y reproducir música. Si quieres crear una lista de la compra con las manos libres, Alexa puede almacenar tus artículos por ti. Si necesitas atenuar las luces o ajustar el termostato, Alexa puede hacerlo con un comando de voz. También puede ayudarte a relajarte al final del día reproduciendo sonidos ambientales o meditaciones guiadas.

He aquí algunas formas de utilizarla con eficacia:

- **Crear listas de la compra:** «Alexa, añade huevos, leche y pan a mi lista de la compra».
- **Controla la domótica:** «Alexa, atenúa las luces al 50 %».
- **Recibe un resumen de noticias:** «Alexa, dame los últimos titulares».
- **Programa un temporizador mientras cocinas:** «Alexa, pon un temporizador durante 20 minutos».

- **Reproduce audiolibros:** «Alexa, lee mi libro desde Audible».

¿Qué asistente virtual debería utilizar?

Cada asistente virtual –Siri, Google Assistant y Alexa– tiene sus propios puntos fuertes, características únicas y limitaciones. Aunque los tres comparten funciones básicas como establecer recordatorios, responder a preguntas de conocimiento general y controlar dispositivos inteligentes compatibles, cada uno destaca en áreas diferentes en función de sus ecosistemas y casos de uso principales.

Siri es ideal para quienes tienen varios dispositivos Apple, ya que funciona mejor en iPhones, iPad, MacBook, Apple Watches y HomePod. Profundamente integrada en el ecosistema de Apple, Siri es ideal para los usuarios que dependen de servicios de Apple como iMessage, FaceTime, Apple Music e iCloud. Destaca en la continuidad de dispositivos, permitiendo a los usuarios enviar mensajes, hacer llamadas y controlar ajustes con facilidad en todos los productos Apple. Sin embargo, Siri tiene menos integraciones de terceros que Google Assistant y Alexa, por lo que es más eficaz dentro del ecosistema de Apple.

Google Assistant destaca por sus potentes capacidades de búsqueda, que lo hacen especialmente fuerte a la hora de responder a preguntas complejas con la amplia base de conocimientos de Google. Se integra bien con servicios de Google como Gmail, Calendar, Maps y los dispositivos Google Home, lo que permite a los usuarios gestionar horarios, navegar de forma eficiente y obtener resultados de búsqueda en tiempo real. Google Assistant también es compatible con el procesamiento del lenguaje natural y el seguimiento contextual, lo que hace que las conversaciones sean más fluidas. Además, ofrece amplias integraciones de terceros con dispositivos domésticos inteligentes, plataformas de entretenimiento como Spotify y Netflix, herramientas de productividad como Slack y Trello, y servicios populares como Uber y WhatsApp.

Alexa es la mejor opción para el control inteligente del hogar. Funciona con miles de dispositivos y funciones de terceros, lo que la hace muy versátil. Diseñado principalmente para los altavoces y pantallas Amazon Echo, Alexa permite a los usuarios gestionar aparatos domésticos inteligentes, transmitir música y comprar en Amazon mediante comandos de voz. También se integra con muchos servicios de terceros como Ring, Nest, SmartThings, Spotify, Apple Music, Uber, Pandora, Audible y Zoom. Aunque la funcionalidad de Alexa es amplia, está diseñada principalmente para uso doméstico, no para integración móvil. Aunque está disponible en *smartphones* a través de la aplicación Alexa, no es tan eficaz como Siri o Google Assistant para tareas móviles.

Elige el asistente virtual que se adapte a tus necesidades y empieza a utilizarlo hoy mismo. Prueba sus funciones, explora sus integraciones y comprueba cómo puede hacerte la vida más fácil.

AI en la cocina: planificar comidas y hacer la compra más fácil

Hacer la compra, planificar las comidas y cocinar son partes esenciales de la rutina diaria de la mayoría de las personas. A pesar de su importancia, estas tareas pueden resultar tediosas y llevar mucho tiempo, sobre todo en medio de nuestras apretadas agendas. La buena noticia es que las aplicaciones de planificación de comidas con IA están transformando estas actividades necesarias en tareas más eficientes y manejables.

Empezar a utilizar aplicaciones de planificación de comidas con IA suele ser sencillo. Con unos sencillos pasos para configurar sus preferencias y restricciones dietéticas, estas aplicaciones adaptan las recomendaciones de comidas a sus necesidades nutricionales y gustos culinarios específicos. Tanto si tiene objetivos dietéticos específicos, alergias alimentarias o gustos personales, estas aplicaciones se adaptan a sus necesidades con un esfuerzo mínimo por su parte. También le permiten especificar fácilmente el tamaño de las raciones, lo que es perfecto para comidas individuales o cenas familiares, asegurándose de que cada plato se ajusta a sus necesidades.

Una vez configuradas, las aplicaciones destacan por automatizar los aspectos más engorrosos de la gestión de las comidas, como la compra. Generan listas de la compra a partir de los planes de comidas seleccionados, ahorrándote la molestia de tener que hacerlas manualmente y asegurándose de que no vuelves a olvidar ningún ingrediente. Estas listas pueden ajustarse dinámicamente si cambia su plan de comidas en el último minuto, y muchas aplicaciones se integran directamente con tiendas de comestibles en línea, lo que le permite completar sus compras con unos pocos clics desde cualquier lugar.

Las aplicaciones de planificación de comidas con inteligencia artificial van más allá de la comodidad: contribuyen activamente a unos hábitos alimentarios más sanos controlando la ingesta nutricional y ofreciendo información sobre la dieta diaria. Al analizar el contenido nutricional de cada comida, estas aplicaciones pueden recomendar ingredientes alternativos más saludables cuando faltan nutrientes específicos. Esta función es especialmente útil para quienes siguen estrictas pautas dietéticas o desean mejorar su bienestar general.

Estas herramientas son ideales para principiantes que buscan incorporar la tecnología a sus rutinas diarias. Al aprovechar las soluciones basadas en IA, puedes simplificar la gestión de las comidas, convirtiéndola en una parte más agradable y sin esfuerzo de tu día a día.

Aplicaciones de IA para planificar comidas

- **Eat This Much:** esta aplicación genera automáticamente planes de comidas basados en tus preferencias alimentarias, objetivos nutricionales y presupuesto. Se adapta a varias dietas, como la vegana, la cetogénica, la paleo y otras. La aplicación también ofrece listas de la compra y puede enviarlas directamente a los servicios de reparto de alimentos.

- **Mealime:** apoya la alimentación saludable a través de planes de comidas personalizados fáciles de usar que abordan diferentes necesidades dietéticas y alergias alimentarias. Ofrece listas de la compra detalladas y recetas para cocinar en 30 minutos o menos.
- **PlateJoy:** crea planes de comidas personalizados basados en un cuestionario detallado que cubre tus preferencias dietéticas, objetivos de salud, limitaciones de tiempo y más. Incluye listas de la compra que se integran con los servicios de entrega de comestibles y ofrece un seguimiento digital de la despensa.

ChatGPT: tu compañero de conversación con inteligencia artificial

Seguramente ya habrás oído hablar de ChatGPT, un avanzado modelo lingüístico de IA de OpenAI que está ganando popularidad tanto entre los entusiastas de la tecnología como entre los usuarios de a pie. ChatGPT forma parte de la serie GPT-3.5 y representa un gran avance en la IA generativa, ya que permite a las máquinas comprender mejor y generar texto similar al humano con una precisión notable. Cuenta con un sistema de 6700 millones de parámetros que le ayudan a comprender y generar texto de forma natural.

Estos parámetros actúan como directrices o reglas que permiten a la IA reconocer patrones lingüísticos, estructuras oracionales y contextos. ChatGPT analiza grandes cantidades de datos de texto para entender cómo se conectan las palabras y las ideas. Sus avanzados métodos de procesamiento ayudan a que sus respuestas suenen más conversacionales y menos robóticas.

A pesar de sus avanzadas funciones, ChatGPT es fácil de integrar en la vida cotidiana. Gracias a su interfaz fácil de usar, es accesible para todo el mundo, no solo para los expertos en tecnología. Se puede utilizar para una amplia gama de tareas, incluyendo:

- **Redacción y edición:** genera artículos, entradas de blog, correos electrónicos, currículos y otros contenidos.
- **Atención al cliente:** responde a consultas, resuelve problemas y automatiza las interacciones con los clientes.
- **Lluvia de ideas y creatividad:** aporta ideas para proyectos, estrategias de *marketing*, narración de historias y mucho más.
- **Aprendizaje e investigación:** explica temas complejos, resume información y proporciona ayuda para el estudio.
- **Asistencia de codificación:** depura código, sugiere mejoras y ayuda con preguntas de programación.
- **Traducción de idiomas:** traduce texto entre idiomas con una precisión impresionante.
- **Automatización de tareas y productividad:** establece recordatorios, gestiona calendarios y ofrece sugerencias de flujos de trabajo.
- **Conversación informal y entretenimiento:** participa en charlas amistosas, juega y ofrece recomendaciones.

Para empezar a utilizar ChatGPT acceda al cuadro de chat situado en la parte inferior de la pantalla y empiece a escribir su mensaje. Después de escribir tu pregunta o consulta, pulsa «Intro» o haz clic en «Enviar» para enviarla. La IA analizará tu entrada y te dará una respuesta que se mostrará en la ventana de conversación situada encima del cuadro de chat. El formato interactivo promueve un diálogo fluido que permite a los usuarios formular fácilmente preguntas adicionales o ajustar sus indicaciones en función de las respuestas dadas. En el capítulo siguiente, se ofrecen instrucciones específicas para configurar y utilizar ChatGPT.

Resumen

Explorar las herramientas de IA de primera mano es la mejor manera de ver su potencial. En este capítulo, se han presentado algunas herramientas para principiantes, cada una de las cuales ofrece ventajas prácticas con una configuración mínima. Para comprender realmente su impacto, elige una que te interese y empieza a experimentar con sus funciones hoy mismo. En el próximo capítulo, encontrarás instrucciones detalladas sobre el uso de ChatGPT y la creación de instrucciones eficaces para maximizar su potencial. Prepárate para explorar todas las posibilidades de esta potente herramienta de IA y mejorar tus interacciones con la tecnología de IA.

4

CHATGPT, UNA GUÍA PARA PRINCIPIANTES

Prepárate para embarcarte en tu viaje con ChatGPT. Esta sencilla pero potente herramienta está diseñada para personas de todos los niveles. Tanto si siente curiosidad por la IA como si desea optimizar su flujo de trabajo o simplemente necesita ayuda para tomar decisiones cotidianas, ChatGPT está listo para ayudarle. Puede ayudar en la investigación, mejorar la escritura y actuar como asistente personal para guiar la toma de decisiones. En este capítulo, exploraremos cómo utilizarlo de forma eficaz con ejemplos prácticos y ejemplos de instrucciones que te ayudarán a empezar.

Empieza a utilizar ChatGPT hoy mismo

Configurar ChatGPT es un proceso sencillo. Para empezar, visite el sitio web de ChatGPT (chat.openai.com). Aquí encontrará una opción para registrarse o iniciar sesión. Los nuevos usuarios pueden crear una cuenta, lo que implica proporcionar una dirección de correo electrónico, crear una contraseña y, posiblemente, verificar la dirección de correo electrónico a través de un enlace enviado a su bandeja de entrada. Una vez creada su cuenta, puede empezar a utilizar ChatGPT inmediatamente.

Está disponible en dos versiones: una gratuita y otra por suscripción llamada ChatGPT Plus. La versión gratuita es un buen punto de partida para principiantes, ya que ofrece multitud de funciones para tareas cotidianas como responder preguntas, generar ideas de contenido y explorar nuevos temas.

Sin embargo, para aquellos que necesitan un mayor rendimiento y beneficios adicionales, ChatGPT Plus proporciona varias ventajas por una cuota mensual. Entre ellas, acceso prioritario a nuevas funciones y actualizaciones, tiempos de respuesta más rápidos y límites de uso más altos durante las horas punta, lo que la convierte en una opción valiosa para los usuarios frecuentes. Si no estás seguro de si necesita la versión de pago, empieza con el plan gratuito y actualízalo si lo necesitas.

Cómo crear mensajes eficaces: consejos y trucos para principiantes

En el ámbito de ChatGPT, un *prompt* sirve como punto de partida para la interacción. Es como una pregunta o una afirmación que introduces en la IA para guiar su respuesta. Piensa en ello como si le dieras instrucciones; cuanto más claras sean, mejor podrá navegar la IA. Una indicación bien elaborada puede transformar una conversación con ChatGPT de mundana a perspicaz.

Cuando hablamos de indicaciones, nos referimos a la información que usted proporciona, que puede ser tan sencilla como preguntar «¿Qué tiempo hace hoy?» o tan compleja como solicitar un resumen detallado y un análisis crítico de un artículo científico de varias páginas. La belleza de ChatGPT reside en su capacidad para entender y responder a estas preguntas, lo que la convierte en una herramienta versátil para diversas aplicaciones.

La claridad y especificidad de las preguntas son cruciales. Imagine que le pregunta a alguien: «Hábleme de historia». La respuesta sería amplia y posiblemente abrumadora. En cambio, si la redujera a «Háblame de la historia del antiguo Egipto», recibiría una respuesta más concreta e informativa. ChatGPT funciona de forma similar. Las preguntas vagas dan lugar a respuestas dispersas, mientras que las específicas conducen a respuestas precisas y relevantes.

Para maximizar la eficacia de sus preguntas, considere la posibilidad de incorporar preguntas abiertas y un contexto relevante. Las preguntas abiertas fomentan respuestas más detalladas, lo que permite a ChatGPT proporcionar información más rica. Por ejemplo, en lugar de preguntar «¿Es París una ciudad bonita?», podrías preguntar «¿Cuáles son algunas actividades culturales interesantes para explorar en París?». Añadir contexto ayuda a ChatGPT a adaptar su respuesta a tus necesidades. Si preguntas por un acontecimiento histórico, indicar el acontecimiento y el aspecto que te interesa –como su impacto en la sociedad moderna– te dará una respuesta más útil. Incluir información de fondo garantiza que la IA comprenda los matices de tu consulta, lo que se traduce en respuestas más precisas.

Veamos algunos ejemplos de ideas bien elaboradas. Supongamos que buscas ideas creativas para una campaña en redes sociales. Una pregunta como «Genera ideas de contenido atractivo para el lanzamiento de una nueva aplicación de *fitness*» da a ChatGPT una dirección clara, que conduce a sugerencias relevantes. O, si necesitas un resumen de información compleja, podrías decir: «Resume los puntos clave de un estudio reciente sobre tendencias de productividad en el lugar de trabajo». Estas indicaciones son específicas y proporcionan contexto, guiando a la IA para que ofrezca respuestas que cumplan sus expectativas.

10 consejos para escribir *prompts* de ChatGPT eficaces

Utilice estos consejos para elaborar mensajes eficaces que maximicen la utilidad y la precisión de las respuestas de ChatGPT:

1. **Sé específico**: define claramente lo que necesitas de la

respuesta. Cuanto más específica sea tu pregunta, más específica y útil será la respuesta de ChatGPT.

2. **Proporciona contexto:** incluye información de fondo relevante en tu mensaje. Esto ayuda a ChatGPT a entender el marco en el que debe generar una respuesta.
3. **Utiliza un lenguaje claro y conciso:** evita términos vagos y sé conciso. Así se reduce la posibilidad de malinterpretaciones y se garantiza una respuesta directa.
4. **Especifica el nivel de detalle deseado:** indica si deseas una breve descripción general o una explicación detallada. Esto guía al modelo para adaptar la complejidad y longitud de su respuesta.
5. **Preguntas secuenciales:** si tienes un tema complejo, divídelo en una serie de preguntas que se formularán de una en una. Este interrogatorio secuencial puede dar lugar a una información más completa y comprensible.
6. **Incluye ejemplos:** si procede, proporciona ejemplos para ilustrar el tipo de información o solución que buscas. Esto es especialmente útil para tareas creativas.
7. **Solicita resúmenes o viñetas para mayor claridad:** si buscas claridad y brevedad, pide respuestas en forma de resúmenes o viñetas.
8. **Utilice términos y nombres correctos:** asegúrate de utilizar la terminología correcta y los nombres adecuados relacionados con tu pregunta. Esto ayuda a generar respuestas precisas y relevantes.
9. **Reconocimiento de limitaciones:** ten en cuenta las limitaciones de la IA. En el caso de consultas complejas o matizadas, ten presente que es posible que tengas que refinar la pregunta o buscar asesoramiento humano experto.
10. **Feedback Loop:** si la respuesta inicial no satisface plenamente tus necesidades, utilízala como base para afinar aún más tu pregunta, proporcionando *feedback* o información adicional según sea necesario.

Aprovechar ChatGPT para la investigación, la información y el aprendizaje

En una era de flujo constante de información, encontrar, organizar y comprender el conocimiento de forma eficiente es más importante que nunca. ChatGPT funciona como un valioso recurso tanto en la investigación como en la educación, ya que permite un acceso rápido a los datos al tiempo que simplifica temas complejos y mejora el aprendizaje. Tanto si estás investigando como profesional, trabajando en una tarea como estudiante o simplemente deseando aprender más, esta IA puede hacer que el proceso sea más eficiente y atractivo.

Todos nos hemos enfrentado alguna vez al reto de rebuscar entre un sinfín de fuentes de información para un proyecto o una investigación. Afortunadamente, ChatGPT puede hacer que esto sea menos abrumador resumiendo artículos extensos, desglosando conceptos difíciles y ofreciendo esquemas estructurados para trabajos o informes. Por ejemplo, si estás investigando el impacto del trabajo a distancia en la productividad de los empleados, ChatGPT puede ofrecerte un resumen conciso de los resultados clave, sugerirte fuentes fiables para explorar e incluso ayudarte a esbozar tu informe. Sin embargo, aunque la IA es un gran punto de partida para la investigación, los usuarios deben confirmar la exactitud de los datos utilizando fuentes fiables y verificadas. Los contenidos generados por IA deben complementar –no sustituir– a los métodos de investigación tradicionales.

También actúa como una herramienta de aprendizaje versátil, haciendo que la educación sea más accesible y personalizada. Los estudiantes pueden utilizarla para obtener explicaciones sobre temas difíciles, crear guías de estudio y generar preguntas de práctica. Tanto si se trata de desentrañar los misterios de la física cuántica como de descifrar un manuscrito antiguo o aprender un nuevo idioma, ChatGPT puede ofrecer explicaciones paso a paso que se adapten a los distintos estilos de aprendizaje. Los profesionales y los estudiantes de por vida también pueden beneficiarse de ChatGPT para mantenerse al día sobre las tendencias del sector, resumir informes complejos o explorar nuevas habilidades. En lugar de consumir información de forma pasiva, la IA permite un aprendizaje interactivo al adaptar las respuestas en función de las aportaciones del usuario.

A pesar de sus ventajas, el uso de la IA para la investigación y la educación requiere un planteamiento meditado. Como ChatGPT no tiene acceso en tiempo real a Internet y se basa en conocimientos preexistentes, parte de la información puede estar obsoleta o incompleta. Es importante cotejar los hallazgos, refinar las consultas de búsqueda para mejorar la precisión y utilizar ChatGPT como complemento y no como única fuente de información. Además, pedir a la IA fuentes o citas puede ayudar a dirigir a los usuarios hacia referencias más autorizadas.

El verdadero poder de la IA en la investigación y la educación reside en su capacidad para ahorrar tiempo agilizando la recopilación de información, simplificando temas complejos y mejorando las experiencias de aprendizaje interactivo. Al utilizar ChatGPT de forma estratégica –ya sea para esbozar informes, practicar nuevas habilidades o generar temas de debate–, los usuarios pueden hacer que el aprendizaje y la investigación sean más eficientes, lo que les permite centrarse en una comprensión más profunda en lugar de en tareas tediosas.

Ejemplos de temas de investigación y aprendizaje

- Proporciona una solución paso a paso a la ecuación de álgebra: 5x-3=2x+9.
- Genera seis preguntas de debate sobre la Revolución Industrial para una clase de Historia.
- Traduce esta frase al inglés y explica las reglas gramaticales: «Ella va a la tienda».
- Explica en un párrafo la importancia del Renacimiento en la historia europea.

- Describe la teoría de la relatividad de Einstein a estudiantes de secundaria utilizando un lenguaje directo y ejemplos familiares.
- Enumera cinco fuentes académicas que examinen el impacto del aprendizaje a distancia en el rendimiento y el compromiso de los estudiantes en la educación superior.

Agiliza sus tareas de redacción con ChatGPT

Escribir es una habilidad crucial tanto en la vida personal como en la profesional, ya se trate de redactar correos electrónicos, entradas de blog, informes o piezas creativas. Sin embargo, a menudo resulta difícil encontrar las palabras adecuadas. ChatGPT puede ser de gran ayuda generando ideas, refinando borradores y mejorando la claridad.

Una de sus mayores ventajas es que te ayuda con las tareas cotidianas de redacción, como correos electrónicos e informes. Redactar correos electrónicos profesionales y bien estructurados puede llevar mucho tiempo, pero ChatGPT garantiza que sean claros, educados y directos, ya sea respondiendo a un colega, haciendo un seguimiento con un cliente o haciendo una petición persuasiva. Del mismo modo, para informes y documentos empresariales, ayuda a organizar la información, resumir los puntos clave y mejorar la legibilidad, garantizando un contenido pulido y profesional.

Para los profesionales del *marketing* y los creadores de contenidos, ChatGPT es una valiosa herramienta para redactar entradas de blog, contenidos para redes sociales y otros materiales de *marketing*. Si te cuesta encontrar temas atractivos, puede incluso generar ideas basadas en tu audiencia y sector. También puede ayudarte a estructurar los artículos, escribir titulares atractivos y optimizar el contenido para que sea legible. Para las publicaciones en redes sociales, puede sugerir pies de foto atractivos, *hashtags* e ideas adaptadas a las distintas plataformas.

Más allá de la creación de contenidos y negocios, es también un poderoso recurso para la escritura creativa. Tanto si estás trabajando en una novela como en un guion, puede ayudarte a aportar ideas para la trama, desarrollar personajes y perfeccionar el diálogo. Si te encuentras con un bloqueo creativo, ChatGPT puede sugerirte argumentos alternativos o nuevas perspectivas para que tu proyecto siga adelante. Además, la tecnología permite a los escritores experimentar con distintos tonos y estilos, lo que facilita la adaptación de sus escritos a distintos géneros y públicos.

Aunque ChatGPT es una herramienta poderosa, es importante utilizarla con cuidado. Mantener la originalidad y la autenticidad en la escritura es crucial, tanto si estás redactando contenidos profesionales como materiales de *marketing* o un proyecto creativo. La IA puede mejorar tu trabajo ofreciéndote sugerencias, mejorando la estructura y eliminando el bloqueo del escritor, pero no debe sustituir tu voz única y tu pensamiento crítico. Además, garantizar que el contenido generado por la IA se ajuste a las prácticas éticas de redacción –como evitar el plagio y respetar la propiedad intelectual– debe ser siempre una prioridad.

Ejemplos de sugerencias ChatGPT para tareas de escritura

- Escribe un correo electrónico cortés solicitando una reunión con un cliente potencial sobre el lanzamiento de nuestro nuevo producto.
- Redacta un correo electrónico de seguimiento profesional para agradecer al entrevistador su tiempo, expresar entusiasmo por el puesto y reiterar tus cualificaciones.
- Ayúdame a escribir una carta formal de dimisión con un preaviso de dos semanas.
- Escribe un pie de foto pegadizo en Instagram para la inauguración de una nueva cafetería, incluyendo *hashtags* relevantes.
- Genera tres posts diferentes en Instagram promocionando un próximo webinario sobre *marketing* digital.

- Resume este informe de investigación de 10 páginas en un resumen de un párrafo.
- Escribe un intercambio de diálogo entre un detective y un sospechoso en una novela de misterio.
- Reescriba este párrafo para que sea más claro y atractivo: [insertar texto].
- Cambia el tono de este correo electrónico de formal a amistoso: [insertar correo electrónico].

Uso de ChatGPT para asistencia personal y toma de decisiones

Más allá del trabajo, la educación y las tareas de escritura, ChatGPT puede actuar como asistente personal, ayudando a los usuarios a mantenerse organizados, optimizar su tiempo y simplificar las tareas cotidianas. Tanto si buscas recomendaciones de ocio como consejos de bienestar, planificación de viajes u orientación financiera, ChatGPT está aquí para ayudarte.

Una de las formas más sencillas de utilizar la plataforma en la vida diaria es para recomendaciones personalizadas de entretenimiento. Por ejemplo, si estás buscando un nuevo libro, película o programa de televisión, ChatGPT puede ofrecerte sugerencias basadas en tus favoritos anteriores y tus preferencias de género. Al describir lo que te gusta –ya sean thrillers trepidantes, comedias desenfadadas o ficción histórica–, puede generar listas de títulos que se ajusten a tus gustos. Aunque la IA puede ofrecer un punto de partida sólido, las preferencias de entretenimiento son, por supuesto, muy personales, por lo que leer críticas y ver tráileres antes de comprometerse con una selección sigue siendo una buena práctica.

ChatGPT también puede ayudarte con el *fitness*, la dieta y el bienestar, ofreciéndote rutinas de ejercicio, ideas para planificar comidas y consejos de estilo de vida basados en objetivos específicos. Tanto si buscas ejercicios en casa, recetas saludables o técnicas para aliviar el estrés, ChatGPT puede generar sugerencias útiles adaptadas a tus necesidades. Sin embargo, es importante tener en cuenta que los consejos de salud generados por la IA nunca deben sustituir a la orientación médica profesional. Los planes de nutrición, ejercicio y bienestar deben ser contrastados con un entrenador certificado, un dietista titulado o un médico para garantizar que son seguros y adecuados para tus necesidades individuales.

Para quienes disfrutan viajando, ChatGPT puede ayudarles a planificar el viaje y a crear itinerarios. Desde sugerir destinos a esbozar actividades diarias, puede ofrecerte consejos de viaje basados en tu presupuesto, intereses y calendario. Puedes pedirle recomendaciones sobre lugares de visita obligada, opciones gastronómicas locales y joyas ocultas que explorar. Sin embargo, siempre se debe verificar la exactitud de la información de viaje generada por la IA, ya que detalles como horarios comerciales, precios y disponibilidad pueden cambiar con frecuencia. Una buena forma de asegurarse de que los planes están actualizados y son fiables es consultar los sitios web oficiales de turismo y las opiniones recientes de los viajeros.

Otra forma en la que ChatGPT puede mejorar la toma de decisiones personales es ofreciendo consejos básicos sobre planificación financiera y presupuestos. Tanto si quieres crear un presupuesto mensual, explorar opciones de inversión o comprender la gestión del crédito, la IA puede simplificar los conceptos financieros en consejos fáciles de entender. Puede sugerir métodos para ahorrar dinero, hacer un seguimiento de los gastos y gestionar las deudas. Sin embargo, para cuestiones financieras más complejas, como estrategias de inversión, planificación fiscal o decisiones financieras importantes, siempre se recomienda consultar a un asesor financiero certificado antes de tomar medidas.

Ejemplos de sugerencias para la asistencia personal y la toma de decisiones

- Recomienda una novela de misterio similar a *Perdida* con un giro psicológico.

- Sugiere cinco programas de televisión cómicos con humor desenfadado y episodios rápidos.
- Crea un plan de entrenamiento semanal para un principiante que busca mejorar la resistencia.
- ¿Cuáles son algunas ideas de comidas saludables para una dieta vegetariana con alto consumo de proteínas?
- Planifica un itinerario de tres días por Nueva York, con las atracciones y restaurantes imprescindibles.
- Recomienda destinos de viaje económicos para un viajero en solitario por Europa.
- Explícame la regla presupuestaria 50/30/20 y cómo puedo aplicarla a mis gastos mensuales.
- ¿Cuáles son algunas estrategias para ahorrar dinero en los gastos cotidianos?

Maximizar el potencial de ChatGPT

Ya hemos detallado algunos usos de ChatGPT para principiantes, pero las posibilidades son realmente infinitas. Para los que quieran profundizar, las aplicaciones avanzadas de esta tecnología pueden transformar significativamente tu forma de trabajar y crear.

Por ejemplo, ChatGPT puede ayudar en la programación depurando código o sugiriendo optimizaciones. También puede simular modelos conversacionales para el entrenamiento de robots de atención al cliente, proporcionando un entorno seguro y controlado para refinar las respuestas antes de que lleguen a los usuarios reales. En el ámbito de la investigación, el programa puede ayudar a sintetizar grandes cantidades de datos en resúmenes comprensibles, ayudando a descubrir patrones y hallazgos que de otro modo podrían pasarse por alto.

Una técnica clave para maximizar el potencial de ChatGPT es dominar la redacción avanzada de instrucciones. Redactar preguntas bien estructuradas y detalladas puede mejorar drásticamente la precisión y la profundidad de las respuestas. En lugar de hacer preguntas sencillas, los usuarios pueden proporcionar contexto, especificar el tono y el formato, e incluso definir instrucciones paso a paso. Por ejemplo, en lugar de preguntar: «¿Cómo puedo mejorar mi redacción?», pide «Analiza este párrafo en busca de claridad y compromiso, y sugiera tres mejoras basadas en la legibilidad, la concisión y el tono». Al incorporar estas técnicas, puedes guiar a ChatGPT para que obtenga resultados más precisos y relevantes.

Para las tareas complejas, encadenar preguntas puede ser muy eficaz. Esto consiste en dividir una solicitud en varias instrucciones secuenciales que se basan en respuestas anteriores. Por ejemplo, si estás escribiendo un artículo, puedes empezar con una solicitud de lluvia de ideas, luego refinar tus ideas, esbozar los puntos clave y, por último, solicitar el desarrollo detallado de los párrafos. Este enfoque iterativo ayuda a producir contenidos de alta calidad y bien estructurados.

Técnicas avanzadas de incitación

1. **Indicaciones contextuales avanzadas:** proporciona información contextual o de fondo específica sobre su consulta. Por ejemplo, si está trabajando en una campaña de *marketing*, incluya detalles como el público objetivo, el tono de la marca y los objetivos clave. Proporcionar este contexto ayuda a ChatGPT a adaptar sus respuestas a su situación específica.
2. **Instrucciones basadas en roles:** indica a ChatGPT que asuma un rol o perspectiva concretos. Frases como «Actúa como un analista de datos experto» o «Responde como un editor de currículos profesional» guían al modelo para generar respuestas especializadas, ayudándote a obtener precisamente lo que necesitas.
3. **Razonamiento paso a paso:** anima a ChatGPT a detallar el razonamiento que subyace a sus respuestas o a descomponer problemas complejos en partes más pequeñas. Esta técnica

aclara la cadena lógica y puede revelar ideas que de otro modo pasarías por alto.

4. **Especifica el formato de salida:** para obtener respuestas más claras, define el formato que necesitas. Ya sea que se trate de una lista con viñetas, pasos numerados, resumen ejecutivo, correo electrónico formal o tabla comparativa, especificar la estructura garantiza la claridad y la facilidad de uso es lo ideal. También puedes solicitar texto en negrita para enfatizar, por ejemplo, los puntos clave de un resumen o los títulos de las secciones de una guía. Un mensaje bien formateado ayuda a ChatGPT a ofrecer contenidos estructurados, fáciles de leer y adaptados a sus necesidades.
5. **Pregunta a ChatGPT:** si no estás seguro de cómo redactar tu pregunta, pide consejo a ChatGPT. Comienza con una idea aproximada y refínala solicitando sugerencias o ejemplos. Por ejemplo, puede decir: «Ayúdenme a redactar una solicitud para una propuesta comercial detallada» o «¿Cómo puedo mejorar esta solicitud para obtener una respuesta más estructurada?». ChatGPT puede sugerir mejoras, añadir restricciones o aclarar la redacción para ayudarle a elaborar la pregunta más eficaz para sus necesidades.

Para aprovechar al máximo el potencial de ChatGPT es necesario comprender tanto sus limitaciones como sus capacidades. Como ya hemos dicho, la tecnología carece de acceso a Internet en tiempo real, lo que significa que puede generar información obsoleta o inexacta. También puede tener problemas con el contexto matizado, produciendo a veces respuestas que carecen de profundidad o pierden el significado deseado.

Además, como ChatGPT aprende de los datos existentes, puede reflejar los sesgos presentes en esos datos, lo que lleva a un sesgo involuntario en sus respuestas. No posee un verdadero razonamiento o pensamiento independiente, simplemente predice las respuestas probables basándose en la información recibida. Confiar demasiado en la IA para escribir o tomar decisiones también puede limitar el pensamiento crítico y la creatividad, por lo que es esencial utilizar ChatGPT como una herramienta y no como un sustituto del juicio humano.

Resumen

La mejor manera de conocer a fondo las capacidades de ChatGPT es empezar a utilizarlo para diversas tareas. Empieza con consultas o proyectos sencillos y, a medida que te familiarices con la herramienta (sobre todo, con la elaboración de instrucciones más precisas), podrás desbloquear todo un nuevo mundo de funciones avanzadas e integraciones. Sin embargo, a medida que se generaliza el uso de herramientas de IA como ChatGPT, es fundamental reconocer sus limitaciones e implicaciones éticas. En el próximo capítulo, exploraremos las consideraciones éticas de la IA y la responsabilidad que conlleva su creciente papel en nuestras vidas.

5

LA ÉTICA DE LA IA

A medida que la IA toma decisiones que antes tomaban los humanos, es esencial considerar no solo su potencial, sino también sus limitaciones y retos éticos. Este capítulo explorará las consideraciones éticas clave, como la transparencia, la responsabilidad y la privacidad, para garantizar el uso y desarrollo responsables de la IA. También examinaremos su impacto en el empleo y la economía, abordando las preocupaciones sobre la automatización, el desplazamiento de la mano de obra y las oportunidades emergentes en un mundo impulsado por la IA.

Además, se desmentirán los conceptos erróneos más comunes sobre la IA, ya que tratamos de aclarar los mitos que a menudo alimentan el miedo y la incomprensión. Aunque puede que no tengamos todas las respuestas, hacer las preguntas correctas y comprender estos retos nos permite guiar la evolución de la IA como una fuerza de progreso y no de perjuicio.

Fundamentos éticos: transparencia, responsabilidad y privacidad

Imagina recibir una oferta de trabajo basada exclusivamente en la decisión de un algoritmo o desplazarse en un coche autoconducido que toma decisiones en fracciones de segundo que podrían afectar a su seguridad. Imagínese a un médico que confía en un sistema basado en IA para diagnosticar una enfermedad crítica o a un banco que determina su elegibilidad para un préstamo basándose en evaluaciones de riesgo generadas por máquinas.

Estos escenarios no son futuristas: están ocurriendo ahora mismo. Pero a medida que la IA asume más responsabilidad en la toma de decisiones, surgen cuestiones críticas: ¿cómo pueden las personas confiar en estas decisiones, especialmente cuando el razonamiento que las sustenta es a menudo opaco? Y si algo sale mal, ya sea un diagnóstico erróneo, un rechazo injusto o un accidente, ¿quién tiene la culpa? Además, a medida que los sistemas de IA procesan grandes cantidades de datos personales para tomar estas decisiones, la preocupación por la privacidad y la seguridad de los datos se hace más acuciante. ¿Quién tiene acceso a esta información, cómo se utiliza y qué protecciones existen para evitar su uso indebido? Estas cuestiones de transparencia, responsabilidad y privacidad constituyen la base de los retos éticos más importantes que debe afrontar la IA.

Transparencia: comprender la toma de decisiones de la IA

La transparencia es uno de los principales retos éticos de la IA. Muchos modelos de IA funcionan como «cajas negras», lo que significa que sus procesos de toma de decisiones son difíciles, si no imposibles, de interpretar. Esto es especialmente preocupante en campos como las finanzas, la aplicación de la ley y la atención sanitaria, donde las decisiones impulsadas por la IA pueden tener consecuencias que alteren la vida.

Para las personas, la falta de transparencia puede dar lugar a una sensación de impotencia cuando se enfrentan a decisiones de IA que afectan a sus vidas. Por ejemplo, si un sistema de IA determina la elegibilidad para una solicitud universitaria o decide quién reúne los requisitos para una prestación gubernamental, la persona afectada no tiene forma de entender o impugnar la decisión. Esta falta de claridad puede generar frustración, disminuir la confianza y causar daños potenciales.

Para mejorar la transparencia, los investigadores y los responsables políticos abogan por una IA explicable, cuyo objetivo es hacer más interpretable la toma de decisiones. Las iniciativas de explicabilidad se centran en el desarrollo de modelos que ofrezcan un razonamiento claro y paso a paso de sus resultados. Además, normativas como el Reglamento General de Protección de Datos (RGPD) exigen que los sistemas de IA ofrezcan explicaciones sobre decisiones automatizadas significativas. También se anima a las organizaciones que utilizan IA a que adopten modelos de IA de código abierto y garanticen que sus algoritmos se someten a auditorías externas para verificar su imparcialidad y fiabilidad.

Rendición de cuentas: ¿quién es responsable cuando la IA va mal?

Otra cuestión crucial en la ética de la IA es la rendición de cuentas: ¿quién es responsable cuando la IA comete un error? Si un coche autoconducido causa un accidente o un sistema de contratación basado en IA rechaza injustamente a un candidato, determinar la culpa puede ser complejo. A diferencia de la toma de decisiones tradicional, que implica a un actor humano claro, los sistemas de IA distribuyen la responsabilidad entre desarrolladores, empresas, reguladores y usuarios.

Para las personas, los errores provocados por la IA pueden tener profundos efectos en sus vidas, influyendo en las oportunidades, la estabilidad financiera y el bienestar personal. La complejidad de la responsabilidad de la IA dificulta la búsqueda de recursos cuando se producen errores, dejando a las personas vulnerables ante decisiones que pueden no ser fácilmente impugnadas o corregidas.

La buena noticia es que ya se están realizando esfuerzos para hacer frente a estos retos de rendición de cuentas. Uno de ellos es la implantación de marcos de auditoría de la IA, que evalúan cómo se toman las decisiones e identifican los sesgos en los conjuntos de datos. Los gobiernos y los organismos reguladores también están elaborando legislación para garantizar que los desarrolladores de IA sigan unas directrices éticas.

Otra solución propuesta es el concepto de IA «human-in-the-loop», en la que la supervisión humana se incorpora a los procesos críticos de toma de decisiones. Este enfoque garantiza que las recomendaciones generadas por la IA se revisen antes de que se tomen las decisiones finales, reduciendo el riesgo de errores y proporcionando una cadena de responsabilidad más clara. Además, las organizaciones están cada vez más obligadas a mantener una documentación detallada de sus modelos de IA, garantizando que los sesgos y los riesgos potenciales se abordan antes de su despliegue.

A pesar de estos avances, sigue habiendo retos. El ritmo de desarrollo de la IA a menudo supera la creación de normativas eficaces, lo que deja lagunas en la supervisión. Además, es necesaria la colaboración internacional para establecer medidas de responsabilidad normalizadas, ya que los sistemas de IA operan en los mercados mundiales.

En última instancia, la responsabilidad en la IA requiere un enfoque polifacético que incluya avances tecnológicos, marcos jurídicos y consideraciones éticas. Al dar prioridad a la transparencia, la supervisión y la participación humana, la sociedad puede mitigar los riesgos asociados a los errores de la IA y garantizar que la responsabilidad se asigna adecuadamente cuando se producen errores. Sin embargo, para lograrlo será necesaria la colaboración de los responsables políticos, los tecnólogos, los líderes de la industria y el público para crear un ecosistema de IA equilibrado y responsable.

. . .

PROTECCIÓN DE DATOS: proteger los datos de los usuarios en un mundo impulsado por la IA

Los sistemas de IA prosperan gracias a los datos: información personal, financiera, médica y de comportamiento que les ayuda a hacer predicciones y automatizar decisiones. Sin embargo, esta dependencia de los datos plantea graves problemas de privacidad. Muchos usuarios desconocen hasta qué punto se recopila, comparte o utiliza su información para influir en las decisiones que se toman sobre ellos. La tecnología de reconocimiento facial, la publicidad dirigida y la vigilancia impulsada por la inteligencia artificial han suscitado debates sobre los límites éticos de la recopilación de datos.

Para abordar estos problemas de privacidad, se han aplicado varias leyes de protección de datos a nivel mundial. Hemos mencionado el GDPR en Europa, que establece un alto nivel de privacidad y seguridad de los datos. Proporciona a las personas un mayor control sobre sus datos personales, exigiendo a las organizaciones que obtengan un consentimiento explícito antes de recopilarlos o procesarlos. El GDPR también exige transparencia, lo que le permite saber qué datos se recopilan y cómo se utilizan. Del mismo modo, en Estados Unidos, la Ley de Privacidad del Consumidor de California (CCPA) faculta a los consumidores para conocer y controlar la información personal que recopilan las empresas. Estas normativas son cruciales para proteger sus derechos y garantizar que sus datos se tratan de forma responsable.

Junto a los marcos legales, las tecnologías que mejoran la privacidad desempeñan un papel importante a la hora de salvaguardar su información. El cifrado es un método clave, que garantiza que los datos se almacenan y transmiten de forma segura, haciéndolos accesibles solo a los usuarios autorizados. La anonimización de datos es otra técnica que elimina los detalles identificables, dificultando su rastreo.

Las técnicas de privacidad diferencial permiten el análisis de datos al tiempo que salvaguardan la privacidad individual introduciendo «ruido» en los conjuntos de datos, lo que dificulta la identificación de personas concretas. Estas tecnologías ayudan a crear un entorno digital más seguro, permitiéndole beneficiarse de la IA sin comprometer su privacidad.

Como individuo, también puedes tomar medidas proactivas para proteger tu privacidad cuando utilices herramientas de IA. Una buena forma de empezar es revisar y gestionar los permisos de las aplicaciones en tus dispositivos. Esto significa comprobar qué aplicaciones tienen acceso a tus datos y ajustar la configuración para limitar el acceso innecesario. Por ejemplo, si una aplicación meteorológica solicita acceso a tus contactos, considera si es realmente necesario para su función. Además, optar por aplicaciones de IA centradas en la privacidad puede proporcionar una capa adicional de seguridad. Están diseñadas teniendo en cuenta la privacidad del usuario y a menudo ofrecen un mayor control sobre la recopilación y el uso de los datos.

Lista de control de la privacidad

Para mejorar su privacidad al utilizar aplicaciones de IA, racionalice su enfoque con esta práctica lista de comprobación:

- **Revisa la configuración de privacidad:** abre la configuración de cada aplicación, ve a «Privacidad» o «Seguridad» y ajusta la configuración para limitar el intercambio de datos y desactivar la recopilación de datos innecesarios, como el seguimiento de la ubicación.
- **Entender la recopilación de datos:** antes de descargar una nueva aplicación, busca y lee su política de privacidad. Desplázate hasta las secciones «Recopilación de datos» y «Uso compartido por terceros» y anota qué datos se recopilan y comparten. Utiliza extensiones del navegador como «Condiciones del servicio» para obtener una versión resumida. Si la política le parece demasiado permisiva, considera buscar alternativas que respeten más la privacidad.

- **Limita los permisos:** para cada aplicación, ve a los ajustes de tu dispositivo, selecciona «Aplicaciones», busca la aplicación y toca «Permisos». Solo activa los permisos esenciales para el funcionamiento de la aplicación.
- **Utilice la autenticación de dos factores (2FA):** activa la autenticación de dos factores en las aplicaciones y servicios disponibles para reforzar la seguridad.
- **Manténte informado:** infórmate periódicamente de las nuevas actualizaciones en la configuración y las políticas de privacidad. Suscríbete a boletines de fuentes fiables como la Electronic Frontier Foundation (EFF) o la Cybersecurity and Infrastructure Security Agency (CISA). Configura alertas de Google para términos como «actualizaciones de privacidad» o «seguridad de datos».

La influencia de la IA en el empleo y la economía

No es ningún secreto que el auge de la IA está transformando el mercado laboral y la economía mundial a un ritmo sin precedentes. Aunque la automatización impulsada por la IA mejora la eficiencia y reduce los costes, también está transformando las estructuras de empleo tradicionales. Los sistemas de IA realizan ahora numerosas tareas rutinarias y repetitivas que antes hacían los humanos, sobre todo en los sectores de la fabricación, el comercio minorista y la atención al cliente. Para mantener su competitividad, los trabajadores tienen que adoptar nuevas funciones y adquirir nuevas competencias.

Sin embargo, es importante señalar que la IA no solo está eliminando puestos de trabajo, sino que también está creando nuevas oportunidades. La creciente demanda de desarrollo de IA, ciencia de datos y gestión tecnológica ha abierto nuevas vías profesionales que no existían hace una década. A un ritmo cada vez mayor, las empresas buscan profesionales capaces de diseñar, implantar y mantener soluciones basadas en IA. Además, se están posibilitando nuevos modelos de negocio, automatizando tareas tediosas y permitiendo a los trabajadores centrarse en tareas más estratégicas y creativas.

La dificultad radica en garantizar una transición fluida a los trabajadores afectados por la automatización. Sin el apoyo adecuado, los empleados desplazados pueden verse incapaces de competir en una economía impulsada por la IA. Para hacer frente a esta situación, los gobiernos, las empresas y las instituciones educativas deben colaborar para poner en marcha programas de reciclaje que doten a los trabajadores de las habilidades suficientes para prosperar en un mercado laboral en constante evolución. Iniciativas como el reciclaje profesional, la formación técnica y el asesoramiento profesional pueden ayudar a los trabajadores en su transición a nuevas funciones e industrias.

Una gestión adecuada de los sistemas de IA puede dar lugar a innovaciones revolucionarias, al tiempo que impulsa los niveles de productividad y genera nuevos beneficios económicos. Mientras que algunas industrias experimentarán trastornos, otras crecerán y evolucionarán a medida que la IA siga integrándose en diversos sectores. Las personas y las organizaciones deben prepararse para estos cambios a fin de seguir siendo competitivas en el entorno empresarial y tecnológico impulsado por la IA.

Formas sencillas de adaptarse a la IA en el lugar de trabajo

A medida que la IA sigue cambiando el mercado laboral, es natural preguntarse cómo seguir siendo relevante y adaptarse. La buena noticia es que no es necesario ser un experto en tecnología o un programador para mantenerse al día. Hay algunos pasos sencillos que puedes dar para sacar el máximo partido de la IA hoy y prepararte para el futuro.

Una de las formas más fáciles de empezar es aprender más sobre la IA en general. Leer este libro es un buen comienzo. Además, hay muchos recursos en línea gratuitos y de fácil acceso para principiantes que explican cómo funciona la IA en términos sencillos.

Comprender los conceptos básicos –como la forma en que ayuda a las empresas, automatiza tareas o mejora la toma de decisiones– puede darte una mejor idea de cómo podría afectar a su sector. No es necesario realizar complejos cursos de codificación; simplemente familiarizarte con el papel que la IA está desempeñando en diferentes campos puede ayudarte a mantenerte informado.

También es útil estar abierto a aprender nuevas habilidades. Muchos trabajos no desaparecerán, sino que evolucionarán para incluir herramientas basadas en IA. Por ejemplo, los oficinistas podrían utilizar la IA para organizar tareas, los profesores para personalizar las clases y los vendedores para analizar tendencias. Sentirse cómodo con herramientas potenciadas por IA, como *chatbots* o *software* de productividad, puede darte una ventaja en tu trabajo actual. Muchas de estas herramientas están diseñadas para ser fáciles de usar, por lo que no es necesario tener conocimientos técnicos para utilizarlas con eficacia.

Otra buena forma de prepararse para los cambios es mantenerse en contacto con otras personas de su sector. Hablar con compañeros de trabajo, asistir a talleres o participar en debates en línea sobre cómo se utiliza la IA en tu campo puede ayudarte a obtener ideas y conocimientos. Mucha gente está en el mismo barco, tratando de adaptarse, por lo que compartir experiencias y aprender juntos puede facilitar el proceso.

Si estás pensando en cambiar de profesión o explorar nuevas oportunidades, considera la posibilidad de buscar trabajos relacionados con la IA que se ajusten a tus puntos fuertes. No tienes por qué convertirte en programador: muchas de las funciones relacionadas con la inteligencia artificial implican habilidades como la resolución de problemas, la comunicación, la creatividad y la organización. Explorar diferentes opciones y ver cómo encaja la IA en diversos sectores puede ayudarte a tomar decisiones profesionales con conocimiento de causa.

Lo más importante es mantener la curiosidad y la flexibilidad. La IA es una herramienta que puede facilitar el trabajo y, si das pequeños pasos para aprender y adaptarte, podrás mantenerte a la vanguardia sin sentirte abrumado. En lugar de preocuparte de que la IA se apodere de ti, céntrate en cómo puede ayudarte a alcanzar tus objetivos y a crecer profesionalmente.

Desmontando los mitos de la IA: separar la realidad de la ficción

La IA es una de las tecnologías más discutidas e incomprendidas de nuestro tiempo. A medida que la tecnología se integra cada vez más en la vida cotidiana, los mitos y las ideas erróneas sobre sus capacidades e implicaciones siguen extendiéndose. Vamos a desmentir nueve de los mitos más comunes y a aclarar qué es verdad y qué no.

Mito 1: la IA piensa como los humanos

Uno de los conceptos erróneos más persistentes es que la IA funciona como el cerebro humano. Aunque la IA puede imitar ciertas tareas cognitivas, no posee razonamiento, emociones ni conciencia similares a los humanos. La IA funciona basándose en modelos matemáticos y algoritmos basados en datos, y no en la intuición o la autoconciencia. Incluso los modelos de IA más avanzados, como ChatGPT, no «piensan» de forma independiente, sino que procesan datos y generan resultados basados en patrones aprendidos a partir de vastos conjuntos de datos.

Mito 2: la IA sustituirá a los humanos en todos los trabajos

El temor a que la IA se apodere de todos los puestos de trabajo está muy extendido. Aunque la IA está automatizando muchas tareas –e incluso sustituyendo por completo ciertas funciones en áreas como la introducción de datos, la atención al cliente básica y la fabricación rutinaria–, es más probable que aumente las funciones humanas en lugar de eliminarlas por completo.

La IA destaca en tareas repetitivas y basadas en datos, pero tiene dificultades en la resolución de problemas complejos, la creatividad y la inteligencia emocional, áreas en las que prosperan los trabajadores humanos. En lugar de acabar con profesiones enteras, reconfigurará el mercado laboral, creando nuevas oportunidades y exigiendo a los trabajadores que desarrollen habilidades relacionadas con la IA para seguir siendo relevantes.

Mito 3: la IA es infalible y siempre objetiva

La IA se percibe a menudo como un sistema de toma de decisiones imparcial e impecable. Sin embargo, la calidad de estos sistemas depende de los datos con los que han sido entrenados. Si un programa recibe datos sesgados o incompletos, producirá resultados sesgados o inexactos. La IA es susceptible de cometer errores, por lo que la supervisión humana es crucial para garantizar la imparcialidad, la precisión y el uso ético. Las organizaciones que desarrollan IA deben dar prioridad a la transparencia y la responsabilidad para mitigar las consecuencias imprevistas.

Mito 4: la IA puede comprender y reproducir plenamente las emociones humanas

La IA no «entiende» realmente las emociones. Aunque puede analizar texto, voz y expresiones faciales para detectar sentimientos, esto no equivale a experimentar o sentir emociones como los humanos. La inteligencia emocional es un rasgo exclusivamente humano, y la IA debe considerarse una herramienta de ayuda al análisis emocional, no un sustituto de la empatía humana.

Mito 5: la IA es un invento reciente

Muchos suponen que la IA es un fenómeno reciente, pero sus raíces conceptuales se remontan a mediados del siglo XX. Las primeras investigaciones sentaron las bases de la tecnología que utilizamos hoy en día. A lo largo de los años, ha pasado por ciclos de entusiasmo y estancamiento –conocidos como inviernos de la IA– antes de los rápidos avances de la última década. Este auge reciente no es el resultado de una invención repentina, sino de mejoras en la potencia de cálculo, el acceso a conjuntos de datos más amplios y algoritmos más sofisticados.

Mito 6: la IA acabará siendo consciente y dominará el mundo

Un tropo común en la ciencia ficción es la idea de que la IA adquiera conciencia de sí misma y derroque a la humanidad. Sin embargo, en la actualidad no está ni cerca de alcanzar la sensibilidad. La IA funciona basándose en correlaciones estadísticas, reglas predefinidas y modelos de aprendizaje automático, sin conciencia ni instintos de autoconservación. Aunque las preocupaciones éticas sobre el mal uso de la IA son válidas, los temores de un apocalipsis impulsado por la IA permanecen firmemente en el reino de la ficción.

Mito 7: La IA puede aprender por sí sola sin intervención humana

Algunos suponen que la IA puede aprender y evolucionar continuamente por sí sola, sin intervención humana. Aunque los modelos pueden mejorar mediante el aprendizaje iterativo, necesitan ingenieros humanos que aporten nuevos datos, perfeccionen los algoritmos y corrijan los errores. Los sistemas de IA no son capaces de fijar sus propios objetivos o desarrollar nuevas estrategias de aprendizaje sin la orientación de los programadores.

Mito 8: la IA es solo para grandes empresas tecnológicas y expertos

Otro concepto erróneo es que la IA solo está al alcance de las grandes empresas y los ingenieros altamente cualificados. En realidad, las herramientas de IA están cada vez más al alcance de un público más amplio. Muchas plataformas ofrecen soluciones de IA fáciles de usar para empresas y particulares, que apenas requieren conocimientos de programación. Desde herramientas de productividad hasta plataformas de aprendizaje automático sin código, la tecnología es más accesible que nunca para pequeñas empresas, estudiantes y usuarios comunes.

. . .

Mito 9: la IA puede predecir el futuro con un 100 % de exactitud

Aunque la IA es muy eficaz a la hora de reconocer patrones y hacer predicciones, no es infalible. Las predicciones basadas en IA, como las que se utilizan en finanzas, sanidad y previsión meteorológica, se basan en modelos probabilísticos basados en datos históricos. Las variables imprevistas y las condiciones cambiantes pueden influir en los resultados, lo que significa que la IA nunca puede garantizar una certeza absoluta en sus predicciones. En pocas palabras: el juicio humano sigue siendo esencial a la hora de interpretar los datos obtenidos por la IA.

Resumen

La inteligencia artificial está transformando rápidamente la sociedad, generando tanto oportunidades como retos que requieren una cuidadosa consideración. Acabar con mitos como los que acabamos de exponer es fundamental para fomentar una perspectiva realista e informada de la tecnología. En lugar de temer a la IA o sobrestimar sus capacidades, debemos centrarnos en aprovechar sus puntos fuertes y abordar sus limitaciones de forma responsable. Si se utiliza con sensatez, la IA es una herramienta revolucionaria que puede mejorar la productividad, la creatividad y la toma de decisiones en diversos campos.

En el próximo capítulo, profundizaremos en cómo puede aprovecharse la IA para aumentar la productividad, agilizar los flujos de trabajo y permitir a las personas y a las empresas trabajar de forma más inteligente, no más dura.

6

MEJORAR LA PRODUCTIVIDAD CON IA

En lo que respecta a la eficiencia en el lugar de trabajo y la productividad personal, la IA se ha convertido en una verdadera fuerza transformadora. En este capítulo se analiza cómo puede utilizarse la IA para agilizar las tareas rutinarias, ayudar a tomar decisiones más inteligentes y fomentar la colaboración. Desde la optimización de la gestión de la bandeja de entrada y la automatización de los flujos de trabajo hasta el perfeccionamiento de la programación, las herramientas impulsadas por la IA están a mano para ayudarle a ahorrar tiempo y reducir la carga mental.

Sin embargo, la disponibilidad e implementación de las herramientas de IA puede depender de su trabajo, sector y normas de la empresa. Si conoce bien las diversas aplicaciones de la IA, podrá identificar y utilizar las soluciones adecuadas para mejorar su productividad y eficacia.

Racionalización de tareas y comunicación

En el vertiginoso entorno laboral actual, la IA está transformando el modo en que los profesionales gestionan la comunicación, la colaboración y la productividad. Desde la racionalización de la gestión del correo electrónico hasta la automatización de las notas de reuniones y la mejora de la coordinación de equipos, las herramientas impulsadas por la IA están remodelando los flujos de trabajo en la oficina. Al integrar estas soluciones inteligentes, las organizaciones pueden optimizar la eficiencia, reducir la carga de trabajo y crear una experiencia laboral más fluida.

Tomemos como ejemplo la avalancha constante de correos electrónicos, que a menudo puede resultar abrumadora. Afortunadamente, la IA ofrece una solución eficaz con algoritmos de clasificación inteligentes. Herramientas como Shortwave y SaneBox analizan las bandejas de entrada, priorizan los mensajes importantes y canalizan los boletines informativos o los correos menos urgentes en carpetas separadas. Algunos servicios, como Superhuman, incluso ofrecen sugerencias de composición de correo electrónico basadas en la IA y en el estilo de escritura de cada persona. Al gestionar la bandeja de entrada y redactar las respuestas, la IA puede descongestionar los canales de comunicación y evitar que se pase por alto información vital.

La tecnología de IA también mejora la colaboración documental, haciendo más eficiente el trabajo en equipo. Aplicaciones como Google Docs y Microsoft 365 incorporan complementos basados en IA para realizar un seguimiento de los cambios, aplicar el control de versiones y sugerir contenidos o ediciones relevantes en tiempo real. Estas funciones minimizan la confusión sobre las versiones de los archivos y fomentan las contribuciones creativas automatizando las tareas repetitivas. La IA se convierte en un asistente entre bastidores que permite a los equipos centrarse en perfeccionar los contenidos y generar ideas innovadoras.

Cuando se trata de la comunicación interna del equipo, los *chatbots* y asistentes virtuales basados en IA resuelven los frecuentes cuellos de botella. Por ejemplo, las integraciones de Slack pueden gestionar consultas recurrentes de RRHH sobre políticas de permisos o beneficios, mientras que las plataformas de gestión de proyectos como Asana y Trello utilizan IA para recordatorios automáticos de tareas. Al ocuparse de las consultas y seguimientos rutinarios, la IA mejora la eficiencia general y evita que las tareas menores paralicen proyectos importantes.

Las herramientas para tomar notas también están revolucionando la forma en que los profesionales capturan y organizan la información. Aplicaciones como Otter.ai, Notion AI y Jamie utilizan la IA para resumir las notas de las reuniones, generar elementos de acción y clasificar la información para facilitar su recuperación. Estas herramientas pueden producir tanto notas concisas como transcripciones completas, lo que hace que el proceso de tomar notas de una reunión se realice casi sin esfuerzo.

Al eliminar la necesidad de anotar manualmente los puntos clave, ayudan a los usuarios a evitar tener que rebuscar entre largas transcripciones o notas desorganizadas, garantizando que los puntos clave queden resaltados y fácilmente accesibles para futuras consultas. Tanto si se utiliza en reuniones como en sesiones de intercambio de ideas o investigación, la toma de notas basada en IA agiliza la gestión de la información y mejora la productividad.

A medida que se amplía el papel de la IA en el trabajo de oficina, estas herramientas sirven como colaboradores más que como sustitutos. La automatización de tareas repetitivas o que requieren mucho tiempo ofrece más oportunidades para realizar un trabajo significativo, reforzar la producción creativa y mantener un equilibrio más saludable entre la vida laboral y personal. Al adoptar el amplio conjunto de herramientas de la IA, las oficinas pueden evolucionar hacia entornos más eficientes, innovadores y satisfactorios.

Gestión de proyectos

Gestionar proyectos con muchas personas implicadas a menudo puede parecer un acto de malabarismo, con plazos cambiantes, múltiples partes interesadas y actualizaciones interminables. Aunque no es una panacea, el *software* de gestión de proyectos basado en IA puede ayudar a empresas de todos los tamaños a afrontar muchos de estos retos. Plataformas como Monday.com, Wrike, Trello y Asana incorporan funciones mejoradas con IA que priorizan las tareas más críticas, ayudando a tu equipo a mantenerse centrado.

Las notificaciones automáticas te avisan de plazos inminentes o cambios repentinos en el alcance, liberándote del estrés de supervisar constantemente cada detalle. Al analizar los datos del proyecto para sugerir asignaciones de tareas óptimas en función de la capacidad del equipo, la experiencia y el rendimiento anterior, estas herramientas garantizan que todos los miembros se utilicen de forma eficaz y eficiente.

Facilitar la colaboración en equipo también resulta más intuitivo cuando interviene la IA. Las funciones de equilibrio de la carga de trabajo de herramientas como Asana y Wrike pueden examinar las tareas actuales de cada miembro del equipo y sugerir reasignaciones cuando sea necesario, evitando el agotamiento y promoviendo la máxima productividad. Los análisis predictivos prevén posibles cuellos de botella o retrasos, lo que permite a los equipos ajustar su enfoque de forma proactiva. Este nivel de conocimiento transforma la colaboración de reactiva a estratégica, permitiendo que todos contribuyan a la vez que se mantienen los proyectos en marcha y por debajo del presupuesto.

La IA va más allá al mejorar la toma de decisiones mediante el análisis exhaustivo de datos que, de otro modo, los humanos tardarían horas en recopilar. Los paneles de control en tiempo real de aplicaciones como Monday.com o Trello desglosan las métricas del proyecto en imágenes claras, lo que permite tomar decisiones rápidas y basadas en pruebas. Las evaluaciones de riesgos, generadas por la IA, resaltan las áreas de preocupación al tiempo que proponen soluciones basadas en datos históricos y modelos predictivos. Esta previsión da a los gestores la confianza necesaria para realizar ajustes calculados, garantizando que las decisiones se guíen por percepciones significativas y no solo por el instinto.

El seguimiento del progreso y la productividad también se hace más transparente gracias a la supervisión asistida por IA. Por ejemplo, las actualizaciones en directo muestran el estado de las tareas a medida que cambian, lo que facilita el perfeccionamiento de los planes sobre la marcha. La evaluación comparativa con respecto a los hitos del proyecto pone de manifiesto si el equipo está cumpliendo –o superando– los objetivos, y dónde se necesitan mejoras.

Al presentar esta información en formatos accesibles, la IA fomenta un sentido de responsabilidad y propiedad, ya que cada miembro del equipo puede ver exactamente cómo sus contribuciones afectan al panorama general. A su vez, los directivos pueden identificar a los trabajadores de mayor rendimiento, ofrecerles apoyo específico y mantener una plantilla comprometida y motivada.

Para ilustrar el impacto de la IA en la gestión de proyectos, imaginemos una empresa de marketing que lanza un nuevo producto con varios equipos que se ocupan de la creación de contenidos, las redes sociales y la publicidad de pago con plazos ajustados. Con una herramienta de gestión de proyectos basada en IA, las tareas se asignan automáticamente en función de la experiencia y la carga de trabajo, mientras que los análisis predictivos señalan posibles retrasos, como un diseñador sobrecargado de revisiones o una aprobación de contenidos atascada en la revisión.

Los paneles de control en tiempo real ofrecen una visibilidad instantánea, lo que permite a los gestores redistribuir las tareas, ajustar las prioridades y garantizar una colaboración fluida. Cuando la IA detecta que una campaña publicitaria supera las previsiones, reasigna el presupuesto para maximizar el alcance y la participación. Mediante la gestión proactiva de los recursos y la optimización de los flujos de trabajo, la empresa cumple sus plazos, mejora la eficiencia del equipo y supera sus objetivos de campaña, lo que demuestra las ventajas tangibles de la IA en la gestión de proyectos.

Programación y gestión del tiempo

Gestionar tu agenda puede ser sorprendentemente difícil en el vertiginoso entorno actual, con una lista interminable de tareas, citas y recordatorios que controlar. Las herramientas de programación basadas en IA pretenden cambiar esta situación, ofreciendo una forma sencilla de coordinar el calendario y optimizar el uso del tiempo. Al automatizar los aspectos clave de la programación, estas herramientas eliminan el estrés de las reservas dobles o las reuniones pasadas por alto y le devuelven el ancho de banda mental necesario para tareas más importantes.

Para empezar a integrar la programación de IA en su rutina, sincronice estas herramientas con sus plataformas de calendario existentes (por ejemplo, Google Calendar o Outlook). Este paso garantiza que las actualizaciones realizadas en un lugar se reflejen instantáneamente en todos sus dispositivos, lo que le permite mantenerse informado dondequiera que vaya. El resultado es una visión unificada de tus compromisos, que reduce la confusión de gestionar varios calendarios a la vez. Al unificarlo todo en un solo sistema, resulta mucho más fácil ver dónde puedes encajar ese trabajo de proyecto crucial, esa llamada de *networking* o ese recado personal.

Una vez sincronizados tus calendarios, la mayoría de las aplicaciones de programación con IA configuran automáticamente recordatorios de tareas y alertas para ayudarte a mantener el rumbo. Puedes personalizar recordatorios para fechas límite, reuniones o cualquier otro evento importante, y las aplicaciones te avisarán en el momento preciso. Estos recordatorios se ajustan en función de tus interacciones, garantizando que las alertas sigan siendo relevantes y oportunas sin llegar a ser molestas. Este enfoque proactivo de la gestión de tu agenda te ayuda a prepararte para los próximos compromisos y reduce el riesgo de prisas de última hora.

Las herramientas de programación de IA también ofrecen información sobre cómo utilizas tu tiempo, proporcionando una imagen más clara de tu productividad. Al analizar los datos de tus patrones diarios, pueden destacar los periodos en los que eres más eficaz o señalar las tareas que consumen más tiempo de lo esperado. Puedes utilizar esta información para alinear tus responsabilidades más importantes con tus horas punta, asegurándose de que abordas el trabajo más exigente cuando estás en tu mejor momento. La identificación de ineficiencias o cuellos de botella a través de informes generados por IA te permite realizar cambios significativos, ya sea reprogramando ciertas tareas o delegándolas por completo.

Incorporar la IA a tus estrategias de gestión del tiempo no es solo una cuestión de comodidad, sino que puede cambiar radicalmente tu forma de afrontar el día a día. Estos sistemas hacen algo más que enviar recordatorios y notificaciones. Le ayudan a equilibrar sus compromisos profesionales y personales ajustándose dinámicamente a los cambios en su agenda y proporcionándole actualizaciones en tiempo real que le mantienen organizado. Al eliminar la carga de las constantes comprobaciones del calendario, las herramientas de programación de IA liberan espacio cognitivo, lo que le permite centrarse en el pensamiento global y en actividades más creativas.

Existen varias herramientas de programación fáciles de usar:

- **Reclaim.ai:** utiliza IA para optimizar tu calendario programando reuniones y bloqueando tiempo para tareas enfocadas, ajustándose dinámicamente a tu rutina.
- **Clockwise:** optimiza tu horario de trabajo reorganizando las reuniones para crear bloques de tiempo de concentración sin interrupciones.
- **x.ai:** automatiza la programación gestionando la comunicación de ida y vuelta, encontrando las mejores horas de reunión en función de tus preferencias.
- **Cortana (Microsoft):** Un asistente de IA que gestiona calendarios, programa reuniones y envía recordatorios, integrándose a la perfección con Outlook.

Automatización de tareas repetitivas

Cada día, una cantidad significativa de tiempo se consume en tareas repetitivas que exigen precisión pero ofrecen poco desafío creativo. La introducción de datos, por ejemplo, implica transferir información a bases de datos u hojas de cálculo, una rutina fundamental para la precisión que no requiere necesariamente supervisión humana. Otro ejemplo es el proceso cíclico de generación de informes, que implica recopilar, clasificar y dar formato a los datos para producir documentos estandarizados. Estas tareas son ideales para la automatización mediante IA, lo que le permite ahorrar tiempo y energía para responsabilidades más estratégicas.

La automatización robótica de procesos (RPA) es un potente método para automatizar este tipo de actividades estructuradas y basadas en reglas. El *software* de proveedores como UiPath, Automation Anywhere y Blue Prism puede reproducir acciones humanas iniciando sesión en aplicaciones, introduciendo datos y realizando cálculos. Imagine un *bot* que actualice su base de datos de clientes cada tarde, utilizando información extraída de los correos electrónicos y formularios entrantes.

Una configuración de este tipo elimina el error humano a la vez que funciona incansablemente, garantizando que sus datos se mantengan actualizados sin una supervisión constante. Del mismo modo, plataformas de extracción de datos como Octoparse o Apify pueden recopilar y organizar grandes volúmenes de información basada en la web, convirtiendo entradas caóticas en conjuntos de datos estructurados listos para su análisis.

En el ámbito de la atención al cliente, los *chatbots* de IA gestionan ahora una parte cada vez mayor de las consultas rutinarias. Plataformas como Intercom o Dialogflow permiten la creación de *chatbots* que responden a preguntas comunes –como el estado de los pedidos o las políticas de devolución– 24 horas al día, siete días a la semana. Estos robots aprenden continuamente de las interacciones de los usuarios, perfeccionando sus respuestas para que sean cada vez más precisas y contextualmente relevantes. Al automatizar las tareas repetitivas de atención al cliente, las empresas pueden reducir los costes operativos, mejorar los tiempos de respuesta y permitir que los humanos se centren en interacciones complejas o de gran valor.

La IA también puede integrarse sin problemas con los flujos de trabajo existentes para agilizar los procesos de varios pasos. Las automatizaciones basadas en activadores en sistemas de gestión de relaciones con los clientes (CRM) como Salesforce o HubSpot pueden iniciar acciones de seguimiento, como el envío de correos electrónicos de bienvenida cuando se crean nuevos contactos.

Las herramientas de procesamiento de documentos basadas en IA, como ABBYY o DocuSign Intelligent Insights, clasifican y extraen automáticamente la información de los archivos y, a continuación, dirigen los datos al destino correcto. Esta sinergia reduce la intervención manual, refuerza la coherencia y acelera los plazos de los proyectos, dejando más espacio para la planificación estratégica y la innovación.

Para garantizar su eficacia, es fundamental supervisar el rendimiento de los procesos automatizados. El seguimiento de métricas como los porcentajes de error y los tiempos de procesamiento puede revelar dónde se necesitan ajustes, mientras que los bucles de retroalimentación permiten a los sistemas automatizados aprender de sus propios datos de rendimiento. Con el tiempo, estas mejoras adaptan el sistema a las demandas cambiantes de su empresa, manteniendo los flujos de trabajo automatizados actualizados y relevantes.

Vida personal y familiar

Ahorrar tiempo y aumentar la eficiencia son aspectos cruciales no solo en el lugar de trabajo, sino también en el ajetreo de la vida cotidiana. Ya se trate de coordinar los horarios familiares, ocuparse de las tareas domésticas o planificar las vacaciones, racionalizar las tareas puede suponer una gran diferencia. Aplicando estrategias de ahorro de tiempo en distintos ámbitos de la vida, dispondrá de más tiempo para sus seres queridos, o incluso para ti mismo.

Existen aplicaciones de listas de tareas con IA, como Todoist y Motion, que actúan como organizadores digitales. Estas herramientas utilizan la IA para analizar tus hábitos y rutinas, aprendiendo qué tareas son más importantes o urgentes. Como resultado, pueden sugerirte el orden óptimo en el que abordar tus tareas, asegurándose de que te centras en lo que es más urgente o requiere más energía. Además, estas aplicaciones envían recordatorios en los momentos precisos, lo que te ayuda a mantener el rumbo sin necesidad de una constante intervención manual.

A diferencia de las listas de tareas tradicionales, que se limitan a mostrar las tareas sin ofrecer ninguna orientación en tiempo real, estas aplicaciones basadas en IA se adaptan a tus necesidades cambiantes. Se ajustan a los cambios de tu agenda, reprogramando automáticamente las tareas, estableciendo prioridades en función de los plazos o incluso sugiriendo cuándo delegar o dividir las tareas en pasos más pequeños. Este enfoque dinámico garantiza que nada se escape, permitiéndote gestionar tu día con mayor eficiencia y menos estrés.

La comunicación familiar puede simplificarse con asistentes dotados de IA como Amazon Alexa o Google Nest Hub, que ya hemos analizado con más detalle anteriormente en el libro. Estos dispositivos pueden ayudar a gestionar recordatorios para tareas importantes, como recoger a los niños del entrenamiento, tomar medicamentos o concertar citas. Al sincronizarse con calendarios y dispositivos inteligentes, estos asistentes ayudan a que no se olvide nada. Si necesitas recordarle a tu hijo que tiene que hacer los deberes o asegurarte de que todo el mundo se acuerda de sacar la basura, puedes configurar fácilmente recordatorios activados por voz.

FamiSafe es una aplicación de seguridad familiar que aprovecha la inteligencia artificial para ayudar a los padres a controlar y gestionar la vida digital de sus hijos. Ofrece funciones diseñadas para mejorar la gestión del tiempo en familia y garantizar la seguridad, como el control del tiempo de pantalla, el seguimiento de la ubicación y la supervisión de la actividad. Gracias a la IA, FamiSafe puede analizar los patrones de uso y enviar alertas si los niños tienen un comportamiento inapropiado o arriesgado en internet, lo que ayuda a los padres a mantenerse informados.

Además, permite a los padres establecer límites de tiempo para las aplicaciones, rastrear la ubicación en tiempo real e incluso crear geocercas para recibir alertas cuando los niños entran o salen de áreas específicas. Este enfoque basado en la IA ahorra tiempo al automatizar las tareas de supervisión y reduce el estrés al mantener a los padres informados y en control de la seguridad de sus hijos.

Las herramientas de IA también pueden ayudar a las familias a planificar las vacaciones o gestionar la logística diaria de los viajes. Por ejemplo, aplicaciones basadas en IA como Google Travel y Kayak pueden encontrar los mejores vuelos, ofertas de hoteles y sugerencias de actividades, a la vez que siguen las preferencias de la familia. Estas herramientas no solo ahorran tiempo, sino que también reducen el estrés de planificar un viaje, garantizando que todos los miembros de la familia tengan unas vacaciones memorables sin la molestia de la investigación manual.

Cuando se trata de los desplazamientos cotidianos, el sistema GPS Waze utiliza la IA para proporcionar actualizaciones del tráfico en tiempo real, sugerir rutas más rápidas e incluso predecir las mejores horas para salir en función de tus patrones de desplazamiento habituales, ayudándote a evitar el tráfico y ahorrar tiempo. Google Maps también aprovecha la IA para analizar el flujo de tráfico, el estado de las carreteras y los datos históricos, ofreciendo rutas óptimas y sugiriendo caminos alternativos cuando se producen interrupciones.

Resumen

En este capítulo, hemos explorado cómo la IA puede aumentar la eficiencia tanto en el ámbito profesional como en el personal. Desde la automatización de tareas repetitivas hasta la agilización de la comunicación y la organización de horarios, las herramientas de IA pueden mejorar drásticamente la productividad y liberar tiempo valioso. La clave está en explorar y probar diferentes opciones hasta encontrar las herramientas que mejor se adapten a tus necesidades.

A medida que avancemos hacia el siguiente capítulo, exploraremos cómo la IA puede impulsar los esfuerzos creativos, tendiendo puentes entre la tecnología y el arte para inspirar nuevas formas de innovación. Este cambio mostrará cómo la inteligencia artificial no solo mejora la eficiencia, sino que también puede convertirse en un poderoso aliado para dar rienda suelta a la creatividad.

7

USOS CREATIVOS DE LA IA

Alimentada por la imaginación, la emoción y la experiencia, la creatividad se ha considerado durante mucho tiempo un rasgo exclusivamente humano. Pero la IA está modificando esa noción, emergiendo no solo como una herramienta, sino como un colaborador en la expresión artística. Desde la pintura y la música hasta la escritura y el diseño, la IA está abriendo nuevas posibilidades creativas. Esto está permitiendo que tanto profesionales como aficionados amplíen los límites de lo posible.

Ya sea que se trate de generar imágenes asombrosas, componer sinfonías, ayudar a contar historias o perfeccionar diseños gráficos, las herramientas basadas en IA están haciendo que el proceso creativo sea más accesible, eficiente e innovador. En este capítulo, exploraremos cómo la IA está transformando las artes, mejorando la creatividad humana e incluso desafiando nuestra comprensión de la originalidad y la autoría.

Artes visuales

Imagina que estás en una galería de arte, cautivado por un cuadro que parece cobrar vida y cuyos colores cambian sutilmente cuando te mueves. No se trata de una obra de arte estática, sino de una experiencia interactiva que cobra vida gracias a la IA. Al redefinir los límites de la creatividad, la IA ofrece a los artistas herramientas y posibilidades innovadoras que antes pertenecían al reino de la ciencia ficción. Tanto si eres un artista deseoso de explorar nuevos medios como un admirador del arte visual, AI te reta a replantearte lo que es posible en el mundo creativo.

Las herramientas de generación de arte mediante IA están a la vanguardia de esta transformación, abriendo puertas a la creatividad que antes estaban cerradas. Por ejemplo, DeepArt.io, una plataforma que transforma fotos normales en obras de arte extraordinarias aplicando los estilos de cuadros famosos. Imagina subir una instantánea de tu puesta de sol favorita y verla reimaginada al estilo de «La noche estrellada» de Van Gogh, con cielos arremolinados y colores vibrantes. Este proceso, conocido como transferencia de estilo, permite a cualquiera convertirse en artista, creando piezas únicas sin necesidad de tener conocimientos tradicionales de arte. La interfaz de DeepArt.io es muy fácil de usar: basta una conexión a internet y una foto para empezar, lo que la hace accesible a todo el mundo, independientemente de sus conocimientos técnicos.

Otra herramienta notable es DALL-E, desarrollada por OpenAI. Esta red neuronal crea imágenes a partir de descripciones de texto, convirtiendo las palabras en arte visual. Imagínese escribir «un flamenco de dos cabezas en un campo de lavanda» y ver cómo DALL-E da vida a esta caprichosa escena con un detalle asombroso. Sus capacidades van más allá de la mera creación de imágenes; puede manipular los atributos de los objetos y combinar conceptos no relacionados, ofreciendo un campo de juego infinito para la imaginación.

Esta herramienta ejemplifica cómo la IA puede sintetizar creatividad y tecnología, ampliando los límites de lo que concebimos como arte. Es un testimonio de cómo la IA puede servir de colaboradora, ayudando a los artistas a materializar visiones que de otro modo quedarían confinadas al ojo de la mente.

Además de crear nuevas formas de arte, la IA también mejora las técnicas artísticas tradicionales. Imagina una herramienta de IA que te sugiera paletas de colores basadas en la composición y el ambiente de tu obra, guiándote hacia combinaciones armoniosas y visualmente impactantes. Estas sugerencias pueden despertar la creatividad y ofrecer nuevas perspectivas y posibilidades.

Asimismo, la IA puede automatizar la mejora y corrección de imágenes, ajustando la iluminación, la nitidez y el contraste para sacar lo mejor de tu obra. Esto libera a los artistas de las complicaciones técnicas y les permite centrarse en su expresión creativa. Al integrar la IA en el proceso artístico, los artistas pueden lograr una mayor precisión y eficacia, haciendo que el viaje creativo sea tan satisfactorio como el resultado final.

El potencial de la IA se extiende al ámbito de las instalaciones artísticas interactivas, donde crea experiencias dinámicas que atraen al público en tiempo real. Imagínese que entra en una sala donde las obras de arte responden a su presencia, cambiando de color o forma según se mueve. Las instalaciones que detectan el movimiento utilizan sensores para provocar cambios visuales, creando una conversación entre el espectador y la obra de arte.

Las proyecciones visuales controladas por inteligencia artificial pueden ir un paso más allá, respondiendo a la interacción del público con patrones o narrativas en evolución, convirtiendo cada visita en una experiencia única. Estas instalaciones transforman el arte de una experiencia visual pasiva en un compromiso activo, difuminando los límites entre creador y observador. Al integrar la IA en estas instalaciones, los artistas pueden crear entornos inmersivos que cautiven e inspiren.

Sin embargo, el auge del arte generado por IA trae consigo importantes consideraciones éticas y de derechos de autor. A medida que la tecnología se convierte en cocreadora, surgen cuestiones sobre la autoría y la propiedad intelectual. ¿A quién pertenecen los derechos de las obras de arte creadas en colaboración con la IA? ¿Cómo garantizar que las obras generadas por IA son originales y no meras réplicas o derivados?

Estos debates ponen en tela de juicio las nociones tradicionales de creatividad y propiedad, y obligan a artistas y juristas a navegar por nuevos escenarios éticos. Garantizar la originalidad y evitar el plagio es crucial, ya que las herramientas de IA pueden reproducir fácilmente estilos y técnicas. Más adelante trataremos con más detalle estas consideraciones éticas y de derechos de autor.

Generación musical

Imagínate sentado al piano, con los dedos quietos, listo para crear una melodía que capte tu estado de ánimo. Ahora imagina que tienes a tu lado a un colaborador de IA, listo para sugerirte armonías, ritmos e incluso composiciones enteras. El *software* de composición musical con IA ha abierto nuevas vías tanto para los músicos como para los aficionados, proporcionando herramientas que transforman la forma de crear música. Programas como Amper Music destacan como una opción líder para generar pistas musicales. Con su amplia biblioteca de sonidos y su intuitiva interfaz, Amper permite a los usuarios componer piezas originales con facilidad.

Tanto si estás creando la banda sonora de tu último vídeo como si solo estás explorando ideas musicales, Amper te ofrece una experiencia fácil de usar que da vida a tus visiones musicales. No importa si eres un músico experimentado o un completo principiante, las capacidades de IA de Amper hacen que la composición musical sea accesible para todos.

Del mismo modo, AIVA (Artificial Intelligence Virtual Artist) se especializa en la composición de piezas orquestales. Esta herramienta es particularmente hábil para crear sinfonías que rivalizan con las composiciones de los compositores humanos. Los algoritmos de AIVA analizan un vasto repertorio de música clásica para generar piezas complejas y emocionalmente resonantes.

Esto permite a los músicos experimentar con arreglos orquestales sin necesidad de disponer de una orquesta completa. Tanto si estás componiendo para una banda sonora de una película como para un proyecto independiente, AIVA te proporciona las herramientas para crear composiciones ricas en capas que evocan la grandeza de una actuación en directo.

La belleza de la IA en la música reside en su capacidad para explorar diversos géneros sin esfuerzo. Con esta tecnología al alcance de la mano, puedes aventurarte en los ritmos electrónicos, creando ritmos pegadizos y llenos de energía. Las herramientas de IA también pueden sugerirte líneas de bajo, patrones de sintetizador e incluso efectos vocales, ayudándote a crear pistas que resuenen en la pista de baile.

En el otro extremo del espectro, la IA puede ayudarte a crear sinfonías clásicas, ofreciéndote ideas sobre estructura, melodía e instrumentación. Al combinar estilos tradicionales y contemporáneos, la IA permite a los músicos explorar nuevos paisajes musicales, mezclando géneros de forma innovadora.

Más allá de componer nuevas piezas, la tecnología desempeña un papel importante a la hora de mejorar las composiciones existentes. Piense en ella como en un ingeniero de sonido digital, capaz de refinar su música hasta la perfección. La remezcla asistida por IA puede transformar una pista sencilla en un arreglo complejo, añadiendo profundidad y variedad.

En la producción de audio, la IA analiza las frecuencias y ajusta los niveles de claridad y equilibrio. También sugiere armonización y orquestación, ayudándote a experimentar con nuevas texturas musicales. Estas mejoras no solo mejoran la calidad del sonido, sino que también abren posibilidades creativas, fomentando la exploración más allá de los enfoques convencionales.

Por último, hablemos de cómo la IA está redefiniendo la experiencia de la música en directo. Los músicos están incorporando la IA a sus actuaciones, lo que permite la improvisación en tiempo real y añade un elemento de sorpresa y espontaneidad. La IA puede generar efectos visuales sincronizados con la música, creando una experiencia cautivadora para el público. Imagina una banda en directo acompañada de efectos visuales generados por IA que cambian con el ritmo, aumentando el impacto emocional de la actuación. El uso de la IA aporta una nueva dimensión a la música en directo, donde la tecnología y el arte convergen para crear experiencias inolvidables.

Escritura creativa

Piense en la pantalla de la computadora en blanco y no encontrar las palabras adecuadas. Es un reto al que se enfrentan muchos escritores. Pero ahora piense en tener a su lado un asistente de escritura con inteligencia artificial, listo para despertar la creatividad cuando la inspiración se agote. Herramientas como Sudowrite y Wordtune se han convertido en aliados inestimables en el proceso creativo. Sudowrite es especialmente hábil en el *brainstorming*, la generación de giros argumentales y la sugerencia de nuevos ángulos, ayudando a los escritores a escapar de los confines del temido bloqueo del escritor.

Con solo darle unas pocas líneas o ideas, recibes sugerencias que pueden llevar tu historia en nuevas y emocionantes direcciones. Wordtune, por su parte, se centra en refinar el lenguaje y el estilo, ofreciendo alternativas que mejoran la claridad y elevan tu escritura sin eclipsar tu voz única. Estas herramientas de IA no sustituyen al escritor, sino que sirven como catalizadores de la creatividad y ofrecen una nueva forma de relacionarse con la palabra escrita.

El potencial de colaboración de la IA en la escritura cambia las reglas del juego para los autores. Piensa en ella como en un coautor que nunca se cansa de aportar nuevas perspectivas. Imagina empezar con una premisa básica y que la IA te sugiera posibles puntos de la trama, permitiéndote explorar diferentes arcos argumentales con facilidad. En el desarrollo de personajes, puede ayudar generando antecedentes y rasgos detallados, garantizando que tus personajes sean tan vívidos como complejos.

También las aportaciones de la IA en la creación de diálogos pueden ayudar a crear conversaciones que resulten naturales y atractivas, añadiendo profundidad a las interacciones entre los personajes. Esta colaboración entre la creatividad humana y el ingenio de la IA da como resultado historias ricas y polifacéticas, en las que las ideas evolucionan a través de una mezcla de humanos y máquinas.

Explorar variaciones narrativas se convierte en un juego de niños con la IA a tu disposición. A menudo, los escritores se plantean «qué pasaría si...»: finales alternativos, distintos caminos tomados por los personajes o incluso cambios en la voz narrativa. La IA proporciona una plataforma para probar estas variaciones sin la laboriosa tarea de reescribir secciones enteras. Puedes experimentar con diferentes perspectivas narrativas, probando la intimidad en primera persona o la omnisciencia en tercera, y ver cómo estos cambios afectan al impacto de la historia. Esta flexibilidad no solo enriquece el proceso de escritura, sino que también mejora la experiencia del lector al ofrecerle diversas posibilidades narrativas, invitándole a comprometerse con la historia de múltiples maneras.

Sin embargo, como ocurre con cualquier herramienta, el uso de la IA en la escritura conlleva cuestiones de autenticidad creativa y ética. Existe un delicado equilibrio entre aprovechar las capacidades de la inteligencia artificial y mantener la voz y el estilo propios. Es esencial garantizar que, aunque la IA pueda sugerir y ayudar, la voz personal siga siendo predominante. Teniendo esto en cuenta, los escritores deben navegar por la delgada línea que separa la inspiración de la imitación, asegurándose de que su trabajo no solo sea distintivo, sino también respetuoso con la propiedad intelectual.

Diseño gráfico

El diseño gráfico siempre ha tenido que ver con la narración visual, una mezcla de arte y comunicación. Hoy en día, las herramientas de IA están remodelando este panorama, haciendo que el diseño sea más accesible y eficiente. Plataformas como Canva y Adobe Sensei ofrecen funciones que optimizan los flujos de trabajo y amplifican la creatividad. Las sugerencias de diseño basadas en IA de Canva ayudan a crear diseños visualmente atractivos optimizando el equilibrio, el color y la simetría. Adobe Sensei se centra en la edición inteligente de imágenes, utilizando el aprendizaje automático para automatizar tareas como el retoque, el recorte y la mejora.

La IA facilita incluso la automatización del flujo de trabajo creativo. Imagina que tienes que cambiar el tamaño de una imagen para varias plataformas de redes sociales, un proceso que suele llevar mucho tiempo. La IA puede automatizarlo, ajustando las dimensiones y manteniendo la calidad en todos los formatos. El procesamiento por lotes simplifica aún más el trabajo, ya que permite aplicar cambios a varios elementos de diseño simultáneamente. Al liberar un tiempo precioso, estas funciones le permiten concentrarse en la innovación y la creatividad.

En el diseño de logotipos, herramientas basadas en IA como Looka y Tailor Brands generan logotipos únicos y de calidad profesional basados en las preferencias del usuario. Mediante el análisis de las tendencias del sector, la tipografía y la psicología del color, la IA sugiere opciones de diseño refinadas que se ajustan a la identidad de la marca. Mientras que los diseñadores pueden personalizar aún más estos conceptos generados por la IA, la tecnología acelera el proceso de lluvia de ideas, ofreciendo nuevas ideas que podrían no haber sido consideradas.

Más allá de la automatización, la IA fomenta la innovación ampliando los límites de la creatividad. Al iterar a través de múltiples variaciones de diseño, ayuda a identificar las soluciones visuales más eficaces. Estas herramientas inspiran nuevas ideas y enfoques poco convencionales, animando a los diseñadores a ir más allá de los métodos tradicionales y explorar nuevas posibilidades creativas.

Desafíos jurídicos y éticos de la creatividad generada por IA

Como ya hemos mencionado, a medida que la IA se convierte en una parte cada vez más integral de la expresión creativa, las cuestiones legales y éticas en torno a la propiedad, los derechos de autor y la propiedad intelectual están ganando importancia. El auge de los contenidos generados por IA introduce complejidades que desafían los marcos jurídicos tradicionales, suscitando debates sobre a quién pertenecen las obras asistidas por IA, cómo se define la originalidad y de qué protecciones jurídicas se dispone.

Propiedad y derechos de autor de las obras generadas por IA

Uno de los problemas jurídicos más acuciantes en torno a los contenidos generados por IA es determinar su titularidad. La ley tradicional de derechos de autor concede la autoría a los creadores humanos, pero cuando la IA desempeña un papel importante en la generación de una obra de arte, música o texto, surge la pregunta: ¿quién tiene los derechos?

En muchas jurisdicciones, la legislación sobre derechos de autor no reconoce actualmente a la IA como autora. En su lugar, la propiedad suele recaer en el ser humano que programó la IA, siempre que la contribución de la IA se considere una herramienta y no un creador independiente. Sin embargo, esta distinción se difumina cuando la IA genera obras complejas con una aportación humana mínima. Los tribunales y los legisladores están debatiendo activamente si las obras generadas por IA pueden acogerse a la protección de los derechos de autor y, en caso afirmativo, a quién corresponde la propiedad.

El papel de las personas

El nivel de participación humana en el proceso creativo influye significativamente en las reclamaciones de derechos de autor. Si un artista utiliza la IA como herramienta -por ejemplo, para mejorar una imagen o generar sugerencias de texto–, es más probable que la obra final se considere propiedad intelectual del artista. Sin embargo, si un modelo de IA crea de forma independiente un cuadro o compone una pieza musical sin intervención humana sustancial, la propiedad se vuelve más ambigua.

Por ejemplo, la Oficina de Derechos de Autor de Estados Unidos ha dictaminado que las obras generadas por IA, sin una creatividad humana significativa, no pueden ser objeto de derechos de autor. Esto significa que las empresas o los particulares que utilicen contenidos generados por IA pueden tener dificultades para proteger su trabajo de usos no autorizados. En consecuencia, los creativos que utilicen herramientas de IA deben asegurarse de que aportan una contribución significativa al proceso creativo para conservar la protección de los derechos de autor.

Plagio y obras derivadas

Otro problema legal es la posibilidad de que los contenidos generados por IA infrinjan obras protegidas por derechos de autor. Los modelos de IA se entrenan a menudo con conjuntos de datos que incluyen materiales protegidos por derechos de autor. Si una IA genera una obra de arte o una composición musical que se parece mucho a una obra protegida por derechos de autor, podría dar lugar a acusaciones de plagio o infracción de derechos de autor.

Los contenidos generados por IA desafían las definiciones tradicionales de obra derivada, sobre todo en los casos en que modifican o transforman material existente. Por ejemplo, si un modelo de IA se entrena en el estilo de un artista concreto y luego genera una pieza similar, ¿constituye una obra derivada no autorizada? Los artistas y creadores de contenidos deben ser cautos al utilizar elementos generados por IA para evitar posibles litigios. Aunque los marcos jurídicos aún están evolucionando, algunas empresas están aplicando directrices para garantizar que los contenidos generados por IA no reproduzcan directamente materiales protegidos por derechos de autor.

Consideraciones éticas y comerciales

Más allá de las preocupaciones legales, las consideraciones éticas también desempeñan un papel en la creatividad asistida por IA. La transparencia y la atribución son cruciales: ¿deben etiquetarse claramente las obras generadas por IA para distinguirlas de los contenidos creados por humanos? Hay quien sostiene que los consumidores y el público tienen derecho a saber si una obra de arte, canción o pieza escrita ha sido generada por IA.

Desde un punto de vista comercial, las empresas y los particulares que utilicen contenidos generados por IA deben ser conscientes de los acuerdos de licencia y las políticas de propiedad intelectual de las herramientas de IA. Algunas plataformas de IA retienen la propiedad parcial o exigen el pago de licencias para su uso comercial, lo que podría afectar a la capacidad de los creadores para obtener beneficios de su trabajo.

Antes de integrar contenidos generados por IA en proyectos comerciales, es esencial revisar las condiciones de uso y las posibles restricciones impuestas por los proveedores de servicios de IA.

El futuro de la IA y el Derecho de propiedad intelectual

A medida que la IA sigue remodelando las industrias creativas, los sistemas jurídicos de todo el mundo se esfuerzan por adaptarse. Algunos países están explorando nuevas normativas que reconozcan las obras asistidas por IA, al tiempo que garantizan que los creadores humanos conserven sus derechos. La evolución futura de la legislación sobre derechos de autor de la IA puede incluir:

- **Nueva legislación** que define explícitamente la propiedad de los contenidos generados por IA.

- **Modelos híbridos de derechos de autor** en los que la IA y la colaboración humana están legalmente reconocidas.
- **Directrices éticas sobre IA** para garantizar un uso responsable y justo de los modelos generativos.

En este momento, se aconseja a los creadores que utilizan IA en sus obras que tomen medidas para proteger su propiedad intelectual. Esto incluye documentar su proceso creativo, garantizar una participación humana significativa y mantenerse informados sobre la evolución de las normas legales.

A medida que se amplíe el papel de la IA en la creatividad, será esencial para artistas, escritores, músicos y diseñadores comprender las consideraciones jurídicas. Si nos enfrentamos a estos retos con prudencia, podremos aprovechar el potencial de la inteligencia y salvaguardar al mismo tiempo los derechos y las contribuciones de los creadores humanos.

Resumen

Como hemos visto a lo largo de este capítulo, la IA está remodelando la creatividad, haciendo más accesible la expresión artística y desafiando al mismo tiempo las ideas de originalidad y autoría. A medida que se generaliza este contenido, resulta cada vez más difícil distinguir entre la creación humana y la de las máquinas. En el próximo capítulo estudiaremos cómo identificar las obras generadas por IA y su impacto en la autenticidad digital.

8

IDENTIFICACIÓN DE CONTENIDOS GENERADOS POR IA

Distinguir entre la realidad y los contenidos generados por IA es cada vez más difícil. Con una ejecución impecable y detalles sorprendentes, las imágenes generadas por IA a menudo desdibujan la línea entre lo real y lo artificial. Este capítulo explora los signos sutiles pero reveladores que pueden ayudarte a identificar las imágenes creadas por IA. Al reconocer estos indicadores clave, estarás mejor equipado para evaluar la autenticidad de las imágenes que encuentres.

Detección de imágenes generadas por IA: Indicadores clave

Uno de los signos más comunes de las imágenes generadas por IA es la presencia de distorsiones poco naturales. La IA suele tener problemas para representar correctamente las manos humanas, a veces añadiendo dedos de más o articulaciones mal colocadas, detalles que pueden pasar desapercibidos al principio, pero que se hacen evidentes al examinarlos más de cerca. Por ejemplo, en la imagen de la familia frente al ordenador, puede parecer normal hasta que se observa la mano antinatural de la niña en el centro y la extraña colocación de los dedos del niño sobre el ratón.

Otro indicador de imágenes generadas por IA es la composición de la propia imagen. La simetría, aunque agradable a la vista, a veces puede ser demasiado perfecta, sobre todo en entornos naturales. La IA tiende a crear elementos repetitivos en escenas complejas, lo que da lugar a una uniformidad extraña. Por ejemplo, los árboles de un bosque pueden mostrar patrones idénticos en las ramas o en la disposición de las hojas, algo poco frecuente en la naturaleza. Esta repetición puede servir como señal de alarma, sugiriendo que la imagen puede no ser del todo genuina.

La calidad de la imagen es otra faceta en la que los contenidos generados por IA suelen fallar. A pesar de su impresionante aspecto general, estas imágenes sufren con frecuencia problemas de calidad como desenfoque y distorsión de los bordes. En las imágenes detalladas, los bordes pueden aparecer borrosos, sobre todo en torno a formas complejas o sujetos en rápido movimiento, lo que puede restar nitidez a la escena.

En los retratos, los rasgos faciales pueden aparecer distorsionados, con los ojos desalineados o los dientes dispuestos de forma poco natural, lo que delata el origen artificial de la imagen. Estos problemas de calidad se deben a las limitaciones de la actual tecnología, que sigue teniendo dificultades para reproducir los intrincados detalles de las imágenes del mundo real.

Utilice esta lista de indicadores comunes para ayudar a determinar si una imagen ha sido generada por IA:

- **Manos y dedos distorsionados:** la IA a menudo tiene problemas para renderizar las manos correctamente, a veces añadiendo dedos de más, articulaciones mal colocadas o formas poco naturales.
- **Fondos incoherentes o imposibles:** los objetos pueden parecer estructuralmente improbables, como arquitectura desalineada, paisajes deformados o elementos de tamaño extraño que alteran la composición natural.
- **Simetría y repetición extrañas:** las imágenes generadas por IA pueden mostrar una simetría perfecta en escenas naturales o elementos repetitivos, como árboles con ramas idénticas o patrones que parecen antinaturales.
- **Caras demasiado suaves o poco naturales:** algunas caras generadas por IA parecen demasiado perfectas, con una simetría perfecta, texturas de la piel borrosas o plásticas, o incoherencias en los rasgos faciales.
- **Borrosidad y distorsión de bordes:** las imágenes AI pueden sufrir problemas de calidad como bordes borrosos alrededor de formas complejas, mezclas poco naturales o incoherencias en detalles finos.
- **Iluminación y reflejos extraños:** la IA puede tener problemas con las sombras realistas, los reflejos en espejos y las fuentes de luz consistentes, lo que provoca efectos antinaturales o contradictorios.
- **Texto confuso o incoherente:** las palabras de los carteles, las portadas de los libros o la ropa suelen aparecer confusas o sin sentido, ya que la IA se esfuerza por representar el texto con precisión.

Comprender los *deepfakes* y sus implicaciones

Los *deepfakes* representan una frontera fascinante e inquietante, en la que la tecnología de IA se utiliza para crear medios digitales hiperrealistas que pueden imitar a personas reales en vídeos y audio. Esta tecnología permite crear vídeos en los que la cara de una persona se superpone perfectamente al cuerpo de otra o en los que el habla se genera para que coincida con esta manipulación visual, produciendo medios que a menudo son indistinguibles de las secuencias auténticas. Aunque pueden utilizarse con fines creativos, también plantean problemas de engaño y desinformación.

Identificar los *deepfakes* puede ser una tarea difícil, ya que están diseñados para engañar a los espectadores. Sin embargo, algunas características pueden ayudar a detectarlos. Una característica común es la sincronización labial incoherente, en la que los movimientos de la boca no coinciden perfectamente con las palabras habladas, creando una discordancia sutil pero perceptible.

Además, las expresiones o movimientos faciales poco naturales pueden delatar una *deepfake*, ya que la tecnología a veces tiene dificultades para replicar las expresiones matizadas que se producen de forma natural. Es posible que note que los ojos carecen de la vivacidad natural que cabría esperar, o que los movimientos de la cabeza son ligeramente espasmódicos o antinaturales, lo que rompe la ilusión de autenticidad.

Los riesgos potenciales asociados van mucho más allá de la mera curiosidad técnica. Plantean serios retos sociales y éticos, sobre todo en una época de creciente desconfianza pública en los medios de comunicación. Las campañas políticas, por ejemplo, pueden explotar los *deepfakes* para fabricar vídeos de personajes públicos, difundir falsas narrativas y manipular la opinión pública.

Más allá de la política, los *deepfakes* también suscitan preocupación por la privacidad personal, ya que las imágenes no autorizadas pueden utilizarse para el robo de identidad, el daño a la reputación o el fraude. Imaginemos una situación en la que la cara de alguien se superpone a un contenido inapropiado o se utiliza en una estafa: tales violaciones pueden tener profundas consecuencias personales y profesionales, dañando relaciones, carreras e incluso la seguridad personal.

Mantenerse a la vanguardia: el futuro de la detección de contenidos mediante IA

La inteligencia artificial avanza con rapidez y genera imágenes, vídeos y textos cada vez más realistas. A medida que mejore su capacidad, será más difícil distinguir entre contenidos generados por la IA y contenidos creados por el ser humano. Esto plantea problemas de engaño y fraude, pero también abre nuevas posibilidades para usos creativos y productivos.

Para seguir el ritmo de crecimiento de la IA, los métodos de detección están evolucionando. Algunos sistemas utilizan la propia IA para identificar patrones en los contenidos generados por ella, buscando incoherencias que podrían escapar al ojo humano. Otros analizan metadatos, detalles ocultos en archivos digitales que pueden revelar cuándo y cómo se crearon. Los investigadores también estudian las microexpresiones, los patrones de respiración y la coherencia del movimiento para perfeccionar los métodos de detección de vídeos generados por IA.

Entre las herramientas de detección avanzadas se incluyen sistemas basados en IA como Deepware Scanner y Video Authenticator de Microsoft, que analizan vídeos e imágenes en busca de signos sutiles de manipulación o generación por IA. Estas herramientas buscan incoherencias a nivel de píxel que pueden no ser evidentes para el ojo humano.

El análisis de metadatos mediante herramientas forenses como FotoForensics también puede descubrir información oculta, como el *software* utilizado o discrepancias en las marcas de tiempo, que pueden indicar la generación de IA. Las herramientas de búsqueda inversa de imágenes, como Google Reverse Image Search y TinEye, pueden rastrear el origen de una imagen y determinar si ha aparecido en otro lugar, lo que ofrece una ayuda adicional a la hora de verificar el contenido.

Una forma de mantener la transparencia es poner marcas de agua a los contenidos generados por IA. Algunas empresas están incrustando marcadores digitales invisibles en imágenes, vídeos y textos creados por IA para distinguirlos de los contenidos creados por humanos. Aunque esto no evitará el uso indebido de la IA, proporciona una forma de rastrear y verificar sus orígenes, lo que facilita la gestión responsable de los contenidos generados por IA. Además, las herramientas de análisis del comportamiento que examinan las microexpresiones, los movimientos faciales y el lenguaje corporal en los vídeos pueden ayudar a identificar las figuras generadas por IA, ya que a menudo muestran patrones poco naturales que difieren del comportamiento humano real. Herramientas como Sensity AI se centran en detectar estas incoherencias, sobre todo en los rasgos faciales, para identificar contenidos *deepfake*.

Más allá de la tecnología, la alfabetización digital sigue siendo esencial. Entender cómo funciona la inteligencia artificial y desarrollar un pensamiento crítico sólido puede ayudarte a evaluar lo que ves en Internet. Comprobar las fuentes, identificar incoherencias y reconocer posibles manipulaciones puede proporcionar contexto en lugar de simplemente asumir que el contenido es fiable o engañoso.

Resumen

Mientras la tecnología sigue evolucionando, también deben hacerlo nuestras estrategias para comprender su impacto y adaptarnos a él. A medida que la IA siga difuminando los límites entre los medios creados por humanos y los creados por máquinas, será más difícil distinguir lo real de lo falso. En muchos casos, puede que no importe saber si una imagen está generada por IA, como cuando una empresa utiliza IA para diseñar un logotipo, un desarrollador de juegos crea un escenario de fondo o un vendedor diseña elementos visuales para las redes sociales.

Pero otras veces, es crucial saber la diferencia. Los estafadores crean perfiles falsos, los *deepfakes* difunden información falsa y las noticias generadas por IA pueden confundir al público. Mantenerse informado, pensar de forma crítica y utilizar herramientas de verificación es esencial para navegar por este panorama. Teniendo esto en cuenta, el siguiente capítulo explora los retos comunes que plantea la IA y ofrece soluciones prácticas para abordarlos.

9

SUPERAR LOS RETOS HABITUALES CON LA IA

La primera vez que los humanos utilizaron el fuego, fue aterrador y transformador. La IA no es diferente: su poder puede ser intimidante, pero aprender a controlarlo y aplicarlo sabiamente desbloquea un potencial inmenso. El miedo, la autocomplacencia y el exceso de confianza son tres escollos comunes a la hora de adaptarse al auge de la IA.

Algunos se resisten al cambio, otros consumen pasivamente la IA sin un compromiso más profundo, y muchos se apoyan demasiado en sus capacidades. Este capítulo ofrece una guía para navegar por la IA con confianza: superar el miedo, ser proactivo en el aprendizaje y garantizar que la IA siga siendo una herramienta que mejore el ingenio humano en lugar de sustituirlo.

El miedo a la IA

Para muchos, el mundo de la IA puede parecer una frontera extensa e intimidante. Los rápidos avances y las profundas capacidades de la IA a menudo provocan miedo e incertidumbre, especialmente entre los nuevos en esta tecnología. Es posible que le preocupe que las máquinas ocupen puestos de trabajo o invadan la privacidad personal, preocupaciones que son válidas y están muy extendidas.

El constante ciclo de noticias sobre los avances de la IA puede amplificar estos temores, haciendo que parezca que la automatización se está acelerando más allá de nuestro control. Los titulares sobre la tecnología *deepfake*, la vigilancia de la IA y los dilemas éticos pueden aumentar la ansiedad, dejando a muchos inseguros sobre cómo la IA dará forma a su futuro.

Sin embargo, en medio de estas preocupaciones, es igualmente importante reconocer los beneficios transformadores de la IA. La tecnología ya ha logrado avances significativos en ámbitos como la sanidad, mejorando los diagnósticos y permitiendo una detección más temprana de las enfermedades, lo que en última instancia salva vidas. La IA también ayuda a eliminar muchas tareas tediosas y mundanas, permitiendo a los profesionales dedicarse a un trabajo más significativo, creativo y estratégico. Más allá del lugar de trabajo, la capacidad de la IA para ahorrar tiempo ayuda a reducir el estrés aligerando la carga de trabajo, lo que permite pasar más tiempo de calidad con la familia y los amigos.

Además, mejora la accesibilidad, ofreciendo herramientas como la traducción de idiomas en tiempo real y tecnologías de asistencia que ayudan a derribar las barreras de comunicación y a capacitar a las personas con discapacidad. La dificultad estriba en abrirse paso a través del ruido, comprender la realidad que se esconde tras los titulares y aprender cómo puede aprovecharse la IA como una ventaja en lugar de como una fuente de temor.

Adoptar esta tecnología requiere una mentalidad abierta y adaptable, con ganas de aprender, realista sobre el progreso continuo de la IA y que acepte su papel permanente en nuestras vidas. El panorama digital cambia rápidamente, y los que se adaptan son los que prosperan. Ignorar o resistirse a la IA no detendrá su progreso, pero aprender a trabajar con ella puede abrir las puertas a nuevas oportunidades. En este entorno, el aprendizaje permanente no solo es beneficioso, sino esencial.

Si actualiza continuamente sus conocimientos y adopta las nuevas tecnologías, se posicionará para beneficiarse de los avances de la IA en lugar de verse desplazado por ellos. Una mente abierta le permitirá ver el potencial de la IA para mejorar la creatividad, la eficiencia y la productividad en diversos aspectos de la vida. Fomenta la curiosidad y la voluntad de explorar cómo la tecnología puede complementar las capacidades humanas, haciendo que las tareas sean más manejables y agradables.

La educación es un poderoso antídoto contra el miedo. Explorando recursos, cursos y guías fiables, puede adquirir una comprensión clara y práctica de la IA. Numerosos libros, cursos en línea y tutoriales interactivos desglosan conceptos complejos en lecciones manejables, haciendo que la IA sea accesible para alumnos de cualquier nivel. Universidades, organizaciones tecnológicas y líderes del sector ofrecen materiales educativos gratuitos y de pago, desde introducciones para principiantes hasta formación técnica avanzada. Este libro es un valioso punto de partida que le proporcionará conocimientos básicos, aplicaciones prácticas y la confianza necesaria para integrar la IA en su vida. Con la mentalidad y los recursos adecuados, el aprendizaje de la IA se convierte en un viaje enriquecedor en lugar de un reto abrumador.

Complacencia en el aprendizaje

Uno de los mayores obstáculos en el aprendizaje de la IA no es dominar algoritmos complejos o la codificación, sino simplemente empezar. Muchas personas dudan en sumergirse en el tema porque asumen que es demasiado complicado, demasiado técnico o solo para expertos con títulos avanzados en matemáticas e informática. Esto no puede estar más lejos de la realidad.

La IA es más accesible que nunca, con herramientas intuitivas que permiten a cualquiera experimentar, automatizar tareas e integrar la IA en su vida diaria sin necesidad de entender la mecánica subyacente. La clave está en dar el primer paso, ya sea probando una herramienta de productividad basada en IA, explorando una plataforma de aprendizaje automático sin código o leyendo sobre aplicaciones del mundo real. El mayor obstáculo para aprender IA suele ser la creencia de que es demasiado difícil empezar.

Sin embargo, la autocomplacencia no solo afecta a los principiantes, también puede instalarse una vez que se ha empezado a utilizar la IA. Con tantas plataformas fáciles de usar disponibles, es fácil convertirse en un consumidor pasivo que confía en las herramientas de IA sin explorar realmente todo su potencial. Muchas personas se limitan a utilizar la IA para tareas sencillas, como resumir textos, generar ideas o automatizar tareas rutinarias, sin ir más allá y ver cómo puede mejorar su creatividad, su capacidad de toma de decisiones o de resolución de problemas. Aunque la IA puede hacer mucho por sí sola, el verdadero poder proviene de quienes se implican activamente con ella, experimentando, cuestionando y adaptando la tecnología a sus necesidades específicas.

Otra razón por la que se instala la autocomplacencia es la suposición de que la IA ha alcanzado su punto álgido. Algunas personas creen que, como ya existen modelos avanzados como ChatGPT o herramientas de generación de imágenes, queda poco por aprender. Esta mentalidad es un error. La IA sigue evolucionando rápidamente y cada año aporta nuevos avances en automatización, personalización y resolución de problemas.

Quienes se mantengan al día de estos avances tendrán una ventaja competitiva, ya sea en los negocios, la educación, la investigación o los campos creativos. El mayor riesgo no es que la IA sustituya los puestos de trabajo humanos, sino que las personas no se adapten a las oportunidades que crea.

Para evitar caer en la autocomplacencia, la clave es mantener la curiosidad y el compromiso. Una de las mejores formas de hacerlo es aplicando la IA a los retos del mundo real. En lugar de limitarse a consumir contenidos generados por IA, intente utilizarla para automatizar una tarea repetitiva, generar nuevas ideas o mejorar un proyecto personal o profesional. Unirse a comunidades de IA, asistir a reuniones y participar en debates también puede ayudar a mantener alta la motivación. Establecer objetivos de aprendizaje pequeños y alcanzables –como explorar una nueva herramienta de IA cada mes o seguir las tendencias del sector– puede hacer que el proceso resulte menos abrumador.

En última instancia, el aprendizaje de la IA debe verse como un viaje continuo, no como un esfuerzo único. Cuanto más explore y experimente, más se convertirá la IA en una poderosa fuerza de innovación, creatividad y productividad. Tanto si eres principiante como si quieres ampliar tus conocimientos, la clave es seguir progresando. El verdadero reto no es dominar la IA, sino dudar al empezar o rendirse demasiado pronto.

Excesiva dependencia de la IA

Aunque la autocomplacencia es un reto importante en el aprendizaje y el uso de la IA, el extremo opuesto puede ser igual de problemático: depender excesivamente de la tecnología y la IA. A medida que las herramientas de IA se vuelven más potentes y accesibles, es fácil confiar cada vez más en ellas, a menudo sin cuestionar su precisión o apreciar la importancia de la visión humana. La comodidad de la IA puede crear un cambio sutil pero profundo: en lugar de utilizarla para aumentar la productividad y la creatividad, algunos confían en ella como una muleta, dejando que tome decisiones, forme opiniones e incluso sustituya su propia capacidad para resolver problemas.

Esta dependencia excesiva de la IA puede observarse en muchos ámbitos. En la redacción y creación de contenidos, el texto generado por IA puede acelerar el proceso, pero si se utiliza sin una supervisión cuidadosa, puede producir un trabajo genérico y poco inspirado que carezca de un toque personal. En la toma de decisiones, el análisis basado en la IA puede proporcionar información valiosa, pero la confianza ciega en las recomendaciones algorítmicas sin juicio humano puede llevar a conclusiones sesgadas o erróneas.

Incluso en la vida cotidiana, desde el uso de asistentes asistidos por IA hasta la confianza en algoritmos de recomendación para noticias y entretenimiento, el riesgo de aceptar pasivamente las sugerencias de la IA sin un pensamiento crítico es real.

La clave para utilizar la IA con eficacia es el equilibrio: aprovechar sus puntos fuertes manteniendo la supervisión, la creatividad y el pensamiento independiente humanos. La IA es un poderoso asistente, pero nunca debe sustituir a la intuición humana, el razonamiento ético o la capacidad de cuestionar y adaptarse. Lo mejor es utilizarla como colaboradora y no como decisora, tratando sus resultados como sugerencias y no como respuestas absolutas.

Un enfoque equilibrado también significa saber cuándo alejarse de la IA. No todos los problemas necesitan una solución automatizada, ni todas las tareas creativas deben subcontratarse a una máquina. Hacer las cosas manualmente –ya sea escribir, aportar ideas, resolver problemas o tomar decisiones complejas– tiene su valor, porque refuerza el pensamiento crítico y profundiza en la comprensión. Como hemos comentado a lo largo de este libro, la IA debe mejorar las capacidades humanas, no sustituirlas.

En última instancia, la IA es más eficaz cuando se utiliza en colaboración con la inteligencia humana. Puede proporcionar eficiencia, perspicacia y automatización, pero la verdadera innovación surge de la combinación de las capacidades de la IA y la creatividad, intuición y conciencia ética humanas. El objetivo no es dejar que la IA lo haga todo por nosotros, sino utilizarla de forma que mejore nuestras capacidades y nos mantenga activamente implicados en el proceso. Alcanzar este equilibrio garantiza que la IA siga siendo un activo y no una dependencia.

Resumen

Adaptarse a la IA no consiste en dominar todos los detalles técnicos, sino en desarrollar la mentalidad necesaria para aprender, experimentar y evolucionar con ella. La clave está en mantenerse informado, utilizar la IA de forma reflexiva y saber cuándo confiar en el criterio humano. Quienes se acerquen a la IA con curiosidad y adaptabilidad encontrarán las mejores oportunidades. En el próximo y último capítulo, pondremos en práctica todo lo aprendido con ejercicios prácticos y orientaciones paso a paso que le ayudarán a empezar a utilizar la IA de forma significativa y práctica.

10

EJERCICIOS INTERACTIVOS, PONER EN PRÁCTICA LOS CONOCIMIENTOS

Ahora que ya conoces los fundamentos de la IA, es hora de ponerlos en práctica. Entender la IA conceptualmente es una cosa, pero experimentar su poder de primera mano es donde se produce el verdadero aprendizaje. La mejor manera de sentirse cómodo con la IA es a través de la experimentación práctica, probando diferentes herramientas, comprobando sus capacidades y viendo cómo pueden mejorar sus tareas diarias de forma práctica.

Al aplicar la IA a situaciones del mundo real, obtendrá una experiencia tangible que reforzará lo que ha aprendido. No es necesario ser un experto en tecnología o un programador para aprovechar estas herramientas: muchas están diseñadas para ser intuitivas, fáciles de usar y accesibles para cualquiera. Tanto si quiere ahorrar tiempo, aumentar la eficiencia o simplemente explorar el potencial de la IA, la clave está en empezar con herramientas que ofrezcan beneficios inmediatos.

Este capítulo incluye cinco ejercicios prácticos con guías paso a paso que le ayudarán a experimentar la IA en acción. Estos ejercicios le guiarán a través de aplicaciones prácticas de la IA, permitiéndole ganar confianza mientras descubre cómo estas herramientas pueden simplificar las tareas cotidianas y mejorar la productividad. Puede elegir los ejercicios que más le interesen o explorarlos todos: usted decide.

Aquí tienes un avance de los cinco ejercicios prácticos que realizarás:

1. **Toma de notas más inteligente:** captura y resume conversaciones con Otter.ai.
2. **Asistencia para compras con IA:** identifica y encuentra productos con Google Lens.
3. **Presentaciones con IA:** diseña diapositivas profesionales sin esfuerzo con Gamma.
4. **Creación de imágenes AI:** genera impresionantes efectos visuales en segundos con DALL-E.
5. **Traducción sin esfuerzo:** rompa las barreras lingüísticas utilizando DeepL.

Cada ejercicio incluye instrucciones detalladas, lo que facilita el seguimiento y la prueba de estas herramientas de IA. Además, encontrarás recomendaciones de herramientas similares, lo que te dará más opciones para explorar y encontrar la solución basada en IA que mejor se adapte a tus necesidades. Lo mejor de todo es que todos los ejemplos de este capítulo incluyen formas gratuitas de experimentar con la IA, para que puedas probar estas herramientas sin ningún coste ni compromiso. Cuanto más explore, mejor comprenderá el potencial de la IA y cómo puede integrarse perfectamente en su flujo de trabajo.

Sumerjámonos de lleno y empecemos a dar vida a la IA.

Toma de notas más inteligente con Otter.ai

La toma de notas tradicional puede llevar mucho tiempo y ser propensa a perder detalles, por lo que es difícil mantenerse al día durante reuniones, conferencias y sesiones de intercambio de ideas. Las herramientas de transcripción basadas en IA, como Otter.ai, eliminan esta molestia convirtiendo automáticamente la voz en texto, organizando las notas y resaltando los puntos clave, lo que te permite mantener la concentración y el compromiso mientras captas todos los detalles importantes. Al aprovechar la IA, la toma de notas se vuelve más eficiente, precisa y libre de estrés, lo que te ayuda a centrarte en la conversación en lugar de luchar por mantener el ritmo.

Ventajas de las herramientas de transcripción basadas en IA:

- Transcripción en tiempo real: obtenga texto al instante mientras la gente habla.
- Notas con función de búsqueda: encuentre rápidamente los puntos clave mediante la búsqueda de palabras clave.
- Identificación del orador: distingue fácilmente quién ha dicho qué.
- Resumen automático: la IA destaca los puntos clave para una revisión rápida.
- Sincronización entre dispositivos: accede a tus notas desde cualquier lugar y en cualquier momento.

Ejemplo de ejercicio

Organice una breve reunión de 20 minutos con 1 a 3 amigos, familiares o colegas, ya sea en persona o virtualmente. El objetivo es simular una discusión real y comprobar lo bien que la IA transcribe la conversación. Elige un tema sencillo y atractivo sobre el que todos puedan hablar cómodamente, por ejemplo:

- ¿Cómo puede ayudarnos la IA en nuestra vida cotidiana?
- Los mejores trucos de productividad que utilizamos en el trabajo y en la escuela.
- Lluvia de ideas para nuestro próximo proyecto/evento de grupo.

Antes de la reunión, regístrate en Otter.ai y elige el plan gratuito, que te permite transcribir hasta 300 minutos al mes, con un límite de 30 minutos por conversación. Asegúrate de explorar el panel de Otter.ai con antelación para familiarizarte con sus funciones y poder grabar y transcribir la conversación sin problemas.

Sigue estos pasos para grabar, transcribir y analizar tu debate con Otter.ai:

1. **Entra en Otter.ai y elige una de estas opciones:**
   - Grabación en directo: haz clic en el botón «Grabar» para transcribir en tiempo real.
   - Integración con Zoom (opcional): si utilizas Zoom, activa la integración de Otter.ai para capturar audio automáticamente.
2. **Permitir el acceso al micrófono cuando se solicite.**
3. **Deja que Otter.ai funcione mientras hablas de tu tema con naturalidad.**
   - Habla claro o coloca el dispositivo cerca del altavoz durante una reunión o conferencia.
4. **Editar y organizar su expediente académico.**
   - Haz clic en la transcripción para realizar ediciones manuales si es necesario.
   - Asigna nombres a los oradores para mayor claridad.
   - Resalta las secciones importantes o añada comentarios.
5. **Guarda, comparte o exporta tus notas**
   - Haz clic en el menú de tres puntos situado junto a la transcripción para compartirla con tus colegas.
   - Exporta la transcripción en formato TXT, PDF o DOCX para consultarla fácilmente.
   - Revisa tus notas en cualquier momento accediendo a tu cuenta de Otter.ai.

Herramientas alternativas de AI para tomar notas

Si buscas alternativas a Otter.ai para las notas de reuniones, ten en cuenta estas herramientas basadas en IA:

- **Fireflies.ai:** se integra con Zoom, Microsoft Teams y Google Meet, grabando y resumiendo automáticamente los debates clave.
- **Jamie:** un asistente de reuniones basado en inteligencia artificial que crea resúmenes estructurados para facilitar la extracción de elementos de acción.
- **Fathom:** ofrece transcripción automática de reuniones con resúmenes destacados y se integra con las principales plataformas de conferencias.

Identificar y encontrar productos con Google Lens

Ir de compras nunca ha sido tan fácil gracias a herramientas basadas en IA como Google Lens. En lugar de tener que esforzarse por describir un artículo en una barra de búsqueda –especialmente cuando se compran productos únicos o difíciles de nombrar, como ropa, muebles o accesorios– basta con escanearlo para identificarlo al instante, comparar precios o encontrar alternativas similares.

Esto resulta especialmente útil para descubrir ofertas, localizar productos agotados e incluso traducir etiquetas de productos en distintos idiomas. Al analizar las imágenes en el momento, Google Lens agiliza la experiencia de compra, ahorrando tiempo y garantizando decisiones de compra más inteligentes e informadas.

Ventajas de las herramientas de compra basadas en IA:

- Reconocimiento instantáneo de productos: basta con hacer una foto de un artículo para obtener resultados de búsqueda al instante.

- Comparación de precios: encuentra las mejores ofertas entre múltiples minoristas en línea.
- Sugerencias alternativas: descubre productos similares en diferentes estilos o gamas de precios.
- Fácil escaneado de códigos de barras: accede rápidamente a los detalles del producto escaneando los códigos de barras.
- Encuentra artículos que ve en la vida real: no necesitas adivinar nombres de marcas, solo apunta tu cámara a un producto.

Ejemplo de ejercicio

La próxima vez que estés en una tienda, prueba Google Lens. Solo tienes que abrir la aplicación, apuntar la cámara de tu *smartphone* al producto y dejar que la IA haga el trabajo. En cuestión de segundos, Google Lens identificará el artículo, te ofrecerá información sobre precios de diferentes tiendas y te sugerirá opciones alternativas. Incluso puede ayudarte con productos agotados indicándote artículos similares. Todo lo que necesitas es tu teléfono y un producto por el que sientas curiosidad.

Sigue estos pasos para ver Google Lens en acción:

1. **Elije un elemento para identificar**
    - Busca un artículo interesante que te gustaría encontrar en Internet. Aquí tienes algunas ideas: un par de zapatos que hayas estado admirando, una mochila o un bolso de otro color, o un mueble que hayas visto en una tienda pero del que quieras comparar precios.
2. **Abrir Google Lens**
    - En Android, abre la aplicación Cámara o la aplicación Google y toca el icono Lente.
    - En el iPhone, abre la aplicación de Google y selecciona Lens en la barra de búsqueda.
3. **Escanear o subir una foto**

  - Apunta con la cámara al objeto y pulsa el botón de búsqueda.
  - Si ya tienes una foto (por ejemplo, una captura de pantalla de las redes sociales), súbela a Google Lens.
4. **Compruebe los resultados**
  - Comprueba si Google Lens identifica correctamente el producto.
  - Consulta los resultados de la búsqueda para encontrar tiendas online, precios y opiniones.
5. **Comparar y explorar**
  - Si el producto exacto está disponible, podrás comparar precios en diferentes tiendas.
  - Si no es así, compruebA productos similares de estilos o precios diferentes.
  - Prueba a escanear algunos objetos diferentes para comprobar el rendimiento de Google Lens.

Consejo adicional: Google Lens no solo sirve para comprar por Internet. Puede ayudarte en otras situaciones del mundo real, por ejemplo:

- Identifica artículos de moda: Localiza un conjunto con estilo y encuentra dónde comprarlo.
- Buscar libros y reseñas: escanea la cubierta de un libro para leer reseñas y comprarlo en línea.
- Buscar decoración para el hogar: explora muebles o decoraciones para encontrar estilos similares.
- Identifica obras de arte: descubre artistas y compra copias de las obras que te gusten.
- Escanea alimentos y menús: encuentra recetas escaneando ingredientes o platos de restaurantes.

Herramientas de compra alternativas

Si buscas más asistentes de compras basados en IA, ten en cuenta:

- **Amazon StyleSnap**: sube una foto para encontrar ropa similar en Amazon.
- **Lente Pinterest**: descubre ideas y opciones de compra de la vasta colección de Pinterest.
- **Búsqueda Visual Bing**: una herramienta de Microsoft para encontrar productos a través de búsquedas de imágenes.

Diseña diapositivas profesionales sin esfuerzo con Gamma

Crear presentaciones atractivas y visualmente atractivas ya no requiere horas de formateo ni conocimientos avanzados de diseño. El diseño tradicional de diapositivas puede ser tedioso y a menudo exige conocer los principios del diseño para crear diapositivas pulidas y de aspecto profesional. Las herramientas basadas en IA, como Gamma, simplifican el proceso generando automáticamente presentaciones bien estructuradas y estéticamente agradables con el mínimo esfuerzo. Estas herramientas no solo ahorran tiempo, sino que también garantizan resultados de alta calidad, lo que le permite centrarse en transmitir su mensaje en lugar de luchar con los diseños y el formato.

Ventajas de las herramientas de presentación basadas en IA:

- Creación instantánea de diapositivas: genere presentaciones pulidas en cuestión de minutos.
- Formateo inteligente: la IA organiza automáticamente el texto, las imágenes y los diseños para conseguir un diseño cohesionado.
- No necesita experiencia en diseño: crea fácilmente diapositivas profesionales sin necesidad de tener conocimientos previos de diseño.
- Temas personalizables: elije entre varios estilos para adaptarlos a su marca o tema.
- Interactivo y con capacidad de respuesta: añade elementos dinámicos como vídeos, enlaces y animaciones sin esfuerzo.

Ejemplo de ejercicio

Para este ejercicio, elige un tema que sea a la vez informativo y atractivo, como la salud, la productividad, los viajes o la historia. Seleccione su propio tema o elija uno de los siguientes temas propuestos:

- La ciencia del sueño: por qué es importante y cómo mejorarlo
- Dominar la memoria: estrategias probadas para aprender más rápido y retener más
- Los beneficios de la atención plena y la meditación
- Cómo planificar el viaje perfecto sin salirse del presupuesto

Una vez que hayas seleccionado un tema, utiliza Gamma para generar una presentación bien estructurada. La IA te ayudará a crear un esquema, sugerir contenidos y dar formato a las diapositivas automáticamente, permitiéndote centrarte en perfeccionar la información y los elementos visuales. Una vez finalizada la presentación, compártela con un amigo, colega o familiar, recaba opiniones y reflexiona sobre cómo la IA ha agilizado el proceso sin dejar de lado la personalización.

Sigue estos pasos para diseñar tu primera presentación potenciada por IA con Gamma:

1. **Inscribirse en Gamma**
   - Visita gamma.app y crea una cuenta gratuita.
   - Explore las plantillas disponibles y las funciones asistidas por IA.
2. **Geners sus diapositivas**
   - Presentación y «Crear nuevo».
   - Elije la opción «Generar» e introduce el tema seleccionado.
   - Revisa y edita el esquema propuesto.
   - Genera tu presentación.
3. **Personalizar y mejorar**

   - Elige el tema y el diseño que mejor se adapten a tu estilo de presentación.
   - Edita texto, reorganiza diapositivas o añade imágenes, íconos y gráficos con las sugerencias de la IA.
   - Utiliza funciones interactivas como videos incrustados y enlaces en directo para aumentar la participación.
4. **Compartir y presentar**
   - Previsualiza tus diapositivas y realiza los ajustes finales.
   - Comparte su presentación mediante un enlace o descárgala en formato PDF.
   - Presenta directamente desde Gamma, que ofrece una experiencia no lineal basada en el desplazamiento para una navegación fluida.

Consejo adicional: Gamma no es solo para diapositivas tradicionales. Puede ayudar a crear varios tipos de presentaciones, tales como:

- Informes comerciales: genera presentaciones profesionales para reuniones y propuestas.
- Contenido educativo: crea diapositivas de lecciones interactivas para la enseñanza.
- Pitch Decks: diseña presentaciones convincentes para *startups* o inversores.
- Visualizaciones de datos: presenta datos complejos con tablas y gráficos autoformateados.
- Social Media Storytelling: crea presentaciones atractivas para compartir en línea.

Herramientas de presentación alternativas basadas en IA

Si quieres explorar más herramientas de presentación asistidas por IA, considera:

- **Beautiful.ai**: diseño basado en IA para presentaciones modernas y sorprendentes.

- **Tome:** una herramienta de IA centrada en la narración para crear mazos visualmente ricos.
- **Diseño mágico de Canva:** plantillas asistidas por IA para presentaciones y gráficos para redes sociales.

Creación de imágenes con DALL-E

Crear imágenes asombrosas ya no requiere programas costosos, conocimientos avanzados ni horas de trabajo. Herramientas como DALL-E generan imágenes de alta calidad a partir de simples descripciones de texto en cuestión de segundos, agilizando el proceso de diseño.

Las herramientas basadas en IA eliminan la necesidad de experiencia, permitiendo a cualquiera producir imágenes profesionales para presentaciones, marketing, redes sociales y proyectos creativos. Además, DALL-E se integra ahora con ChatGPT, lo que facilita aún más la generación y personalización de imágenes con unas pocas indicaciones.

Ventajas de los generadores de imágenes basados en IA:

- Generación instantánea: crea imágenes únicas en cuestión de segundos con un simple texto.
- Estilos personalizables: experimenta con diferentes estilos artísticos, desde la fotografía realista hasta la pintura digital.
- No se necesita experiencia en diseño: cualquiera puede crear imágenes de aspecto profesional sin necesidad de tener conocimientos artísticos previos.
- Casos de uso versátiles: ideal para presentaciones, contenido de redes sociales, proyectos personales y mucho más.

Ejemplo de ejercicio

Sigue estos pasos para generar tu primera imagen AI utilizando DALL-E:

1. **Apúntate a DALL-E**
   - Visita openai.com/dall-e y crea una cuenta gratuita de OpenAI.
   - Conéctese y compruebe su saldo gratuito, que le permite generar imágenes sin coste alguno.
   - Nota: Si dispone de la versión de pago de ChatGPT, puede utilizar DALL-E para generar y editar imágenes proporcionando indicaciones de texto directamente dentro del chat.
2. **Genere y perfeccione su imagen**
   - Piensa en una frase creativa y descriptiva. Cuantos más detalles proporcione, mejores serán los resultados. Ejemplo: «Un paisaje urbano futurista al atardecer, con coches voladores y letreros luminosos de neón».
   - Introduzca su pregunta en el cuadro de texto de DALL-E y haga clic en «Generar».
   - Revise la imagen generada.
   - Si es necesario, perfecciona tu indicación añadiendo detalles específicos (por ejemplo, colores, iluminación, atmósfera).
3. **Experimente con diferentes estilos**
   - Fotografía realista: «Una foto de alta resolución de un golden retriever sentado en un campo de tulipanes».
   - Ilustración de cómic: «Un superhéroe dibujado a mano al estilo cómic sobrevolando el horizonte de una ciudad».
   - Arte fantástico: «Un resplandeciente bosque encantado con casitas de hadas en los árboles».
4. **Guarda y utiliza tu imagen**
   - Descarga tu creación favorita.
   - Utilízalo para entradas de blog, redes sociales, presentaciones o proyectos creativos.

Generadores alternativos de imágenes AI

Si busca alternativas a DALL-E, considere estas herramientas basadas en IA:

- **Generador de sueños profundos:** una herramienta basada en el aprendizaje profundo que aplica estilos artísticos únicos a las imágenes.
- **Difusión estable:** IA de código abierto para generar imágenes muy detalladas y personalizables.
- **Runway ML:** herramientas creativas basadas en IA diseñadas para artistas y diseñadores.

Rompa las barreras lingüísticas con DeepL

El idioma ya no tiene por qué ser una barrera para la comunicación, gracias a herramientas de traducción basadas en inteligencia artificial como DeepL. Estas herramientas ofrecen traducciones rápidas y precisas que ayudan a particulares y empresas a comunicarse sin problemas en varios idiomas.

Los modelos avanzados de IA garantizan que las traducciones suenen más naturales y contextualmente precisas, lo que las hace ideales para correos electrónicos, informes, viajes y conversaciones cotidianas. La versión gratuita de DeepL permite a los usuarios traducir hasta 1500 caracteres por solicitud. Los usuarios también pueden traducir hasta tres documentos al mes, cada uno de hasta 5 MB, en formatos como Microsoft Word, PowerPoint y PDF.

Ventajas del uso de la IA para la traducción de idiomas:

- Traducciones de alta calidad: las herramientas de traducción basadas en inteligencia artificial proporcionan traducciones más naturales y adaptadas al contexto que la traducción automática tradicional.

- Compatible con varios idiomas: muchas herramientas de IA ofrecen traducción a docenas de idiomas.
- Rápido y fácil de usar: traduce al instante textos, documentos o incluso páginas web enteras con solo unos clics.
- Aumenta la accesibilidad: reduce las diferencias lingüísticas en la educación, los negocios y los viajes, ampliando el acceso a la información.

Ejemplo de ejercicio

DeepL es una herramienta de traducción basada en inteligencia artificial muy fácil de usar que permite traducir textos y documentos de forma rápida y sin esfuerzo. Tanto si necesitas traducir palabras y frases sueltas como documentos enteros, la interfaz intuitiva de DeepL garantiza una experiencia fluida.

Siga estos pasos para practicar el uso de DeepL tanto para traducciones rápidas como para traducciones de documentos completos:

1. **Utilización de DeepL para la traducción rápida de palabras y frases**
    - Vaya a DeepL.com y abra la herramienta de traducción.
    - Escriba palabras o frases sueltas en su lengua materna en el cuadro de texto.
    - Selecciona una lengua de destino y traduce el texto.
    - Invierta el proceso traduciendo los resultados a su idioma original.
    - Compara la exactitud y anota las diferencias.
    - Utilice las sugerencias alternativas de DeepL para refinar la redacción y mejorar la estructura de las frases.
2. **Traducir un documento completo conservando el formato**
    - Elige un documento (de menos de 5 MB), como un informe comercial, un trabajo de investigación o un artículo.
    - Vaya a DeepL.com y haga clic en «Traducir archivos».

- Crea una cuenta gratuita si aún no tienes una.
- Cargue su documento en la herramienta de traducción.
- Seleccione la lengua de destino de la traducción.
- Traduzca el documento: DeepL conservará el formato, incluidos los títulos, las viñetas y el diseño.
- Revise el texto traducido para comprobar su exactitud y fluidez natural.

Herramientas alternativas de traducción automática

Si está buscando alternativas a DeepL para traducciones asistidas por IA, tenga en cuenta estas herramientas:

- **Google Translate:** una herramienta de traducción muy utilizada que admite más de 130 idiomas y ofrece traducciones de texto, voz, imágenes y sitios web en tiempo real.
- **Microsoft Translator:** proporciona traducciones basadas en IA para texto, voz y documentos, con una integración perfecta en Microsoft Office y Teams.
- **Amazon Translate:** un servicio de traducción IA en la nube diseñado para empresas, que ofrece traducciones en tiempo real y por lotes para sitios web y apps.
- **Lingvanex:** un traductor basado en IA con soporte para traducción *offline*, reconocimiento de voz e integración con aplicaciones de chat.

CONCLUSIÓN

Al llegar al final de nuestro viaje por el mundo de la IA, espero que ahora veas que la IA no es una tecnología lejana y compleja reservada a los expertos. Por el contrario, es una herramienta potente y accesible que puede aprovechar para mejorar tu vida diaria, aumentar la productividad y abrir nuevas posibilidades.

A lo largo de este libro, hemos explorado los conceptos fundamentales de esta tecnología, desde el aprendizaje automático y las redes neuronales hasta el procesamiento del lenguaje natural, y hemos descubierto cómo estas ideas aparentemente complejas pueden destilarse en aplicaciones sencillas y prácticas.

Hemos visto cómo la IA se integra a la perfección en tu rutina diaria, transformando tu *smartphone* en un asistente personal, tu casa en un refugio inteligente y tu monitor de *fitness* en un gurú de la salud. Desde la gestión de tus finanzas hasta la planificación de tus comidas, la IA está ahí para simplificar tareas y liberar tu tiempo para lo que realmente importa.

Las guías paso a paso que hemos proporcionado te permiten adoptar herramientas de IA como Grammarly, asistentes virtuales y otras herramientas de productividad con facilidad, liberando su potencial para revolucionar tu forma de trabajar y crear.

Nuestra inmersión en ChatGPT mostró la increíble versatilidad de este motor de IA. Ahora dispone de los conocimientos necesarios para crear mensajes eficaces y aprovechar la plataforma para diversas tareas. Los ejemplos reales que hemos explorado en los sectores de la sanidad, el comercio minorista, la educación y el entretenimiento demuestran el impacto transformador de la IA en diversos sectores y ponen de relieve su potencial para impulsar la innovación y mejorar la vida de las personas.

Al embarcarse en su propio viaje hacia la IA, recuerde la importancia del uso responsable y la protección de datos. Los retos éticos y los problemas de privacidad que hemos analizado ponen de relieve la importancia de abordar la IA con atención e integridad. Si te mantienes informado y adoptas las mejores prácticas, podrás navegar por el panorama con confianza y contribuir a dar forma a un futuro en el que la IA beneficie a todos.

Las herramientas y técnicas de mejora de la productividad que tratamos, desde la agilización de la comunicación hasta la automatización de tareas repetitivas, están ahora al alcance de su mano. Aproveche la oportunidad para agilizar su flujo de trabajo y crear más espacio mental para la creatividad y el pensamiento estratégico. Hablando de creatividad, te animo a explorar el potencial de la IA en las artes, la música, la escritura y el diseño. Colaborar con esta tecnología abre nuevas vías de expresión y amplía los límites de lo posible.

A medida que continúes trabajando con la IA, mantén la curiosidad por las tendencias emergentes, como la IA generativa, y sus implicaciones para el futuro. La capacidad de identificar el contenido generado por inteligencia artificial es una habilidad valiosa en una era en la que distinguir entre lo real y lo sintético es cada vez más difícil. Armado con las estrategias y herramientas que hemos discutido, ahora puedes acercarte a la IA con un ojo crítico y hacer juicios informados.

Si alguna vez dudas o te sientes abrumado, recuerda las estrategias que hemos explorado para superar los miedos, evitar la autocomplacencia y mantener el equilibrio. La comunidad de la IA está aquí para apoyarte, ofreciéndote recursos, inspiración y oportunidades de aprendizaje permanente. Abraza el futuro con la mente abierta, sabiendo que tu capacidad de adaptación y tu voluntad de aprender son tus mejores bazas.

Al concluir este libro, espero que te sientas capacitado y entusiasmado con las posibilidades que te ofrece la IA. Los conocimientos y las ideas que has adquirido son tus herramientas para prosperar en un mundo impulsado por la IA. Así que, adelante, experimenta con las herramientas y los conceptos que hemos tratado. Aplícalos a tu propia vida y sé testigo directo del poder transformador de la IA. Únete a comunidades de estudiantes con ideas afines y sigue ampliando tus conocimientos sobre este fascinante campo.

Ten en cuenta que la IA no está aquí para sustituirte, sino para potenciarte. Es una herramienta que amplifica su potencial y le ayuda a conseguir más de lo que nunca creyó posible. Así que acógela con curiosidad, confianza y el compromiso de utilizarla para el bien. El futuro está en tus manos y, con la IA a tu lado, no hay límites para lo que puedes lograr.

Comparte tu experiencia y ayuda a otros

«La mejor manera de encontrarse a uno mismo es perderse en el servicio a los demás», Mahatma Gandhi.

Cada día, la IA ayuda a las personas a ahorrar tiempo, trabajar de forma más inteligente y tomar mejores decisiones. Pero empezar puede resultar abrumador. Por eso he escrito *IA práctica para principiantes,* para que la IA sea sencilla, útil y sin estrés para todos.

¿Ayudaría a alguien como usted, que siente curiosidad por la IA pero no sabe por dónde empezar?

Su opinión puede tener un impacto real.

La mayoría de la gente decide qué leer basándose en las reseñas. Una rápida reseña tuya podría ayudar...

- Un estudiante más aprende una habilidad que cambia su futuro.
- Un empresario más utiliza la IA para ahorrar tiempo y crecer.
- Un profesional más trabaja más inteligentemente, no más duro.
- Un padre ocupado más simplifica las tareas diarias.
- Una persona más se siente segura utilizando la IA.

Dejar una opinión es gratis y solo le llevará un momento, pero puede marcar una gran diferencia.

Si disfrutas ayudando a los demás, eres mi tipo de persona. Gracias por formar parte de este viaje.

–Paco Barker.

REFERENCIAS

AIVA. (s.f.). Composición y orquestación de música generada por IA. Obtenido de https://www.aiva.ai

Adobe. (sin fecha). La IA en los medios digitales: El futuro de la creación de contenidos. Obtenido de https://www.adobe.com

Adobe. (sin fecha). Adobe Sensei: herramientas creativas basadas en IA. Obtenido de https://www.adobe.com/sensei.html

Adicción a la IA en adultos: Cómo abordar la dependencia en la era de la inteligencia. (sin fecha). Hiperpolítica. Obtenido de https://hyperpolicy.org/insights/ai-addiction-in-adults-addressing-dependency-in-the-intelligence-age/

Herramientas de presupuestación AI: Gestión de las finanzas personales. (sin fecha). SoFi. Obtenido de https://www.sofi.com/learn/content/ai-budgeting-tools/

IA para la gestión de proyectos: Herramientas y mejores prácticas. (sin fecha). Atlassian. Obtenido de https://www.atlassian.com/work-management/project-management/ai-project-management

Amper Music. (sin fecha). Creación musical asistida por IA para artistas y compositores. Obtenido de https://www.ampermusic.com

La inteligencia artificial y la erosión de las habilidades sociales humanas. (s.f.). Medium. Obtenido de https://medium.com/neuranest/artificial-intelligence-and-the-erosion-of-human-social-skills-82772f06772a

Inteligencia Artificial para el Diagnóstico Médico-Existente y Futuro. (sin fecha). PubMed Central. Obtenido de https://pmc.ncbi.nlm.nih.gov/articles/PMC9955430/#:~:text=AI%20can%20analyze%20large%20amounts,history%2C%20and%20laboratory%20test%20results.

Brynjolfsson, E., y McAfee, A. (2017). *Máquina, plataforma, multitud: Harnessing our digital future*. W. W. Norton & Company.

Canva. (sin fecha). Asistencia al diseño y creación gráfica basada en IA. Obtenido de https://www.canva.com

Coursera. (sin fecha). Educación en IA para principiantes y usuarios no técnicos. Obtenido de https://www.coursera.org

DALL-E. (s.f.). Generación de texto a imagen con IA. OpenAI. Obtenido de https://openai.com/dall-e

DeepArt.io. (sin fecha). Generación de imágenes y transferencia de estilos con IA. Obtenido de https://deepart.io

DeepL. (s.f.). DeepL Traductor. Obtenido de https://www.deepl.com

DeepMind. (2023). El papel de la inteligencia artificial en el diagnóstico sanitario. Obtenido de https://deepmind.com

Laboratorio de Detección de Deepfake. (s.f.). Detección de medios generados por IA mediante análisis forense avanzado. Obtenido de https://www.deepfakedetection.org

Escáner Deepware. (sin fecha). Deepware Scanner: Herramienta de detección de manipulación de vídeo por IA. Obtenido de https://www.deepware.ai

Domingos, P. (2015). *El algoritmo maestro: Cómo la búsqueda de la máquina de aprendizaje definitiva rehará nuestro mundo*. Basic Books.

Cumplir la promesa de la IA para mejorar los resultados sanitarios. (2023, 14 de diciembre). Casa Blanca. Obtenido de https://www.whitehouse.gov/briefing-room/blog/2023/12/14/delivering-on-the-promise-of-ai-to-improve-health-outcomes/

FamiSafe. (sin fecha). FamiSafe: La aplicación definitiva para la seguridad familiar. Obtenido el 25 de febrero de 2025, del sitio Web: https://www.famisafe.com.

Ford, M. (2015). *El auge de los robots: La tecnología y la amenaza de un futuro sin empleo*. Basic Books.

FotoForensics. (sin fecha). FotoForensics: Análisis forense de imágenes. Obtenido de https://www.fotoforensics.com

Gamma. (s.f.). Crea presentaciones sin esfuerzo con IA. Obtenido de https://www.gamma.app

Garfinkel, S. (2021). *The computer book: Del ábaco a la inteligencia artificial, 250 hitos en la historia de la informática*. Sterling.

Google AI. (sin fecha). Aprendizaje automático e IA en la creatividad visual. Obtenido de https://ai.google/research

Google AI. (sin fecha). Aprendizaje automático en autenticidad de contenidos y detección de deepfake. Obtenido de https://ai.google/research

Google AI. (sin fecha). Teachable Machine: Experimentación de IA sin código. Obtenido de https://teachablemachine.withgoogle.com

Google Lens. (sin fecha). Herramienta de compras y reconocimiento de imágenes basada en inteligencia artificial. Obtenido de https://lens.google

Haenlein, M., & Kaplan, A. (2019). Breve historia de la inteligencia artificial: Sobre el pasado, presente y futuro de la inteligencia artificial. *California Management Review, 61*(4), 5-14. https://doi.org/10.1177/0008125619864925

Cómo Grammarly utiliza la IA para revolucionar la ayuda a la escritura. (s.f.). 923. Obtenido de https://www.ninetwothree.co/blog/how-grammarly-uses-ai-to-revolutionize-writing-assistance

¿Está preparada la sociedad para el impacto de la IA en la mano de obra? (sin fecha). *CIGI*. Obtenido de https://www.cigionline.org/articles/is-society-ready-for-the-impact-of-ai-on-the-workforce/

Kayak. (2025). Kayak: Planificación y reserva de vacaciones basadas en IA. Kayak. https://www.kayak.com

Marcus, G. (2022). *Rebooting AI: Building artificial intelligence we can trust*. Pantheon.

A mitad de camino. (sin fecha). Imágenes generadas por IA para artistas digitales. Obtenido de https://www.midjourney.com

Laboratorio de Medios del MIT. (sin fecha). La tecnología deepfake y la desinformación en los medios digitales. Obtenido de https://www.media.mit.edu

Revista tecnológica del MIT. (s.f.). El impacto de la IA en el mercado laboral y la evolución de la mano de obra. Obtenido de https://www.technologyreview.com

Mitchell, M. (2019). *Inteligencia artificial: Una guía para humanos pensantes*. Farrar, Straus y Giroux.

Moción. (2025). Motion: El gestor de tareas con inteligencia artificial. Motion. https://www.motionapp.com

Netflix. (sin fecha). Sistemas de recomendación basados en IA y distribución personalizada de contenidos. Obtenido de https://about.netflix.com

Introducción no técnica a los fundamentos de la IA. (sin fecha).

NetGuru. Obtenido de https://www.netguru.com/blog/crash-course-introduction-to-ai-fundamentals

NVIDIA. (sin fecha). Síntesis de vídeo y modelado generativo basados en IA. Obtenido de https://www.nvidia.com

OpenAI. (2023). ChatGPT y herramientas de escritura asistida por IA. Obtenido de https://openai.com/chatgpt

OpenAI. (2023). ChatGPT y el papel de la IA en la generación de medios digitales. Obtenido de https://openai.com

OpenAI. (2023). Comprender el potencial de la IA y abordar los conceptos erróneos más comunes. Obtenido de https://openai.com

Otter.ai. (s.f.). Herramienta de transcripción asistida por inteligencia artificial para reuniones y conferencias. Obtenido de https://www.otter.ai

Revolucionando la gestión de inventarios: El poder de la IA. (sin fecha). Akkio. Obtenido de https://www.akkio.com/post/ai-for-inventory-management

Reuters. (s.f.). El auge de los vídeos deepfake generados por IA y su impacto en el periodismo. Obtenido de https://www.reuters.com

RunwayML. (sin fecha). AI para profesionales creativos del vídeo y el diseño. Obtenido de https://runwayml.com

Russell, S., y Norvig, P. (2020). *Artificial intelligence: A modern approach* (4ª ed.). Pearson.

Smith, B. (2019). *Herramientas y armas: La promesa y el peligro de la era digital.* Penguin Press.

Laboratorio de investigación Sony CSL. (sin fecha). AI-driven music generation and composition. Obtenido de https://www.sonycsl.co.jp

Sudowrite. (sin fecha). Ayuda a la escritura creativa con inteligencia artificial. Obtenido de https://www.sudowrite.com

Tegmark, M. (2017). *Life 3.0: Ser humano en la era de la inteligencia artificial.* Knopf.

Fundamentos de las redes neuronales: Explicados mediante la analogía de la pizza. (sin fecha). Medium. Obtenido del sitio Web: https://medium.com/@kirtankarvaibhav24/the-basics-of-neural-networks-explained-using-pizza-analogy-f685da3d3abb

Todoist (2025). Todoist: AI to-do list manager for smarter task management. Todoist. https://www.todoist.com

Udemy. (s.f.). Recursos de aprendizaje de IA para principiantes: Cursos e itinerarios estructurados. Obtenido de https://www.udemy.com

Universidad de Oxford, Centre for AI Ethics. (s.f.). Consideraciones éticas sobre los contenidos generados por IA y la desinformación. Obtenido de https://www.ox.ac.uk

West, D. M. (2018). *El futuro del trabajo: Robots, IA y automatización.* Brookings Institution Press.

OMPI. (2023). IA y propiedad intelectual: Navegando por los marcos jurídicos de los contenidos generados por IA. Obtenido de https://www.wipo.int

OMPI. (2023). Propiedad intelectual y medios generados por IA: Desafíos jurídicos y éticos. Obtenido de https://www.wipo.int

Wordtune. (sin fecha). AI-driven writing enhancement and style refinement. Obtenido de https://www.wordtune.com

Foro Económico Mundial. (2023). El futuro del trabajo: El impacto de la IA en el empleo y la innovación. Obtenido de https://www.weforum.org

www.ingramcontent.com/pod-product-compliance
Lightning Source LLC
LaVergne TN
LVHW051021051026
849532LV00004BA/1314
* 9 7 9 8 3 4 9 3 3 0 0 5 6 *